走近佛寺

张从军 主编

荣新 著

齊魯書社

图书在版编目（CIP）数据

走近佛寺/荣新著. --济南:齐鲁书社, 2021.2
ISBN 978-7-5333-4434-4

Ⅰ.①走… Ⅱ.①荣… Ⅲ.①佛教—寺庙—中国—文集 Ⅳ.①B947.2-53

中国版本图书馆CIP数据核字(2021)第027562号

责任编辑：史全超
装帧设计：刘羽珂

走近佛寺

ZOUJIN FOSI

张从军　主编　荣新　著

主管单位	山东出版传媒股份有限公司
出版发行	齊魯書社
社　　址	济南市英雄山路189号
邮　　编	250002
网　　址	www.qlss.com.cn
电子邮箱	qilupress@126.com
营销中心	（0531）82098521　82098519　82098517
印　　刷	山东星海彩印有限公司
开　　本	720mm×1020mm　1/16
印　　张	14.5
插　　页	1
字　　数	215千
版　　次	2021年2月第1版
印　　次	2021年2月第1次印刷
印　　数	1—2500
标准书号	ISBN 978-7-5333-4434-4
定　　价	58.00元

序

小时候干农活儿，干到地头都要长喘一口气；大了编书，却怎么也编不完。这几册小书，从选题到完稿，居然花费了十几年的时间！终于熬到类似的图书不断问世，熬到新上任的出版社社长告老还乡。

说起这个题目，还是三十多年前的事，走进刚刚恢复开放的佛教寺院，因无知和疏远，浑然不知所指：佛教寺院的格局为何如此？寺塔为何形制多样？佛的面相、手相究竟都有什么含义？明明是雕刻在山岩上的佛教石造像，为何偏称为石窟寺？而且这个概念还被写进了国家的法律条文之中！种种不明，诸多疑惑，吸引着我们走近佛陀，走近佛陀的世界。

本来想写四册，第一册《走近石窟》，第二册《走近佛寺》，第三册《走近佛像》，第四册《走近佛教》，因为种种原因，只完成了三册。好在有关佛教历史、义理的书比比皆是，毋庸赘言。

斗转星移，改朝换代，中国的佛教也随着历史的进程几经起落，佛教的物质文化更是历尽风雨，留存到今天的已是凤毛麟角。从年代久远的石窟寺开始，在一座座寺院、佛塔的指引下，悄悄地走近佛陀的家族，看看历史留在这里的形象和印记，或许有助于加深我们对佛教的了解。

张从军

2016 年 7 月 7 日

contents

目录

第一章 寺院源流

一、中国佛教寺院的起源

寺院，是佛教僧众供奉佛像和聚居修行的地方，在古印度，称为僧伽蓝，简称伽蓝。关于中国佛教寺院的起源，当从佛教传入中国说起。

佛教传入中国的时间，至今学术界还没有定论。据有关专家推测，早在西汉建元二年（前 139）至元朔三年（前 126）张骞通西域时，通过中印之间的民间往来，佛教就传入中国了。西汉元寿元年（前 2），已有关于在中国传授佛教《浮屠经》的记载。不过，人们一般都说佛教传入中国的时间是在东汉明帝永平年间（58—75）。汉明帝于永平七年（64）遣使者前往大月氏国求法。永平十年（67），摄摩腾、竺法兰以白马驮西域《四十二章经》及佛像经卷东来，佛家三宝（佛、法、僧）同时到达汉都洛阳。后来，汉明帝敕建白马寺于洛阳西雍门外，供摄摩腾、竺法兰在那里翻译《四十二章经》。白马寺的修建，成为印度佛教传入中国的标志（图 1–1）。

佛寺在中国有多种称法，其中最多见的是“寺院”和“寺庙”。

寺与寺院　寺，原为我国古代中央机关的一种官署名称，如大理寺、鸿胪寺、太常寺等。摄摩腾、竺法兰到达洛阳后，最初住在专门接待外宾的鸿胪寺。后来汉明帝为他们敕建的聚居修行地白马寺也以“寺”相称，可见是对他们的重视。佛寺的名称后来也有变化，

图 1–1　河南洛阳白马寺及驮经白马雕塑

如北魏时改称伽蓝，隋代改称道场，到了唐代又恢复称寺，并且一直沿用至今。

人们现在所说的“寺院”，其实原本是两个概念，“院”通常是指规模比较小的寺，后来人们习惯将“寺”和“院”连用，一则可以与官署中的“寺”加以区别，二则也是说来上口。

寺与寺庙 人们通常所说的“寺庙”，是比“寺院”更宽泛的概念，“庙”在佛教传入中国之前，专指供奉、祭祀祖先的建筑，如宗庙、家庙等，后来将供奉贤人、神仙的建筑也称为庙，如关帝庙、城隍庙等。所以说，寺庙的“寺”与“庙”是两个概念的叠加。人们之所以这样叠加使用，既是为了表示对佛寺的敬重，同时也是口语表述的一种习惯。

当然，佛寺也有自称“庙”的，如河北承德的须弥福寿之庙、普陀宗乘之庙（图 1–2）、安远庙，内蒙古自治区锡林浩特的贝子庙等，不过为数不多。

除了“寺”“院”“庙”之外，佛寺在中国还有其他一些称法，举几例如下：

庵 本来指佛家隐世修行时所居住的茅屋，后来多用作称呼比丘尼（即出家受过具足戒的女僧）所居住的寺院，故有“尼庵”之称。人们通常以为寺专指比丘（即出家受过具足戒的男僧）居住的地方，庵专指比丘尼居住的地方，其实不然。如天津荐福庵最初住的就是比丘，直到新中国成立以后，才改住比丘尼的；而

图 1–2 河北承德普陀宗乘之庙

在同一城市的莲宗寺，住的就是比丘尼。所以，如果单从名字来区别里面住的是男僧还是女僧，有时会搞错，还是以实际情况确定为好。

堂、阁 一些地方对佛寺的别称，其功能与其他寺院没有区别，如上海就有“圆明讲堂”“万佛阁”。

道场 原是指佛祖释迦牟尼成道之处，后来泛指佛教寺院。隋大业九年（613），炀帝曾诏令天下寺院全部改称“道场”。唐代恢复称“寺”之后，寺院便不再以“道场”自我冠名。现在，道场只是人们对寺院的一种他称而已（图 1–3）。

丛林 意为僧众居住在一处，就像树木丛集成林一样。丛林一般是指规模较大的寺院，寺院财产归僧团公有，内部有严格的组织和管理体系。

精舍 原来专指佛祖释迦牟尼居住的竹林精舍，后来也称僧人在寺院外面居住的地方为精舍。

我国是一个地域广大的多民族国家，佛教除了传入我国中原腹地之外，还有传入西藏地区的藏传佛教和传入云南地区的南传佛教（即上座部佛教）。

藏传佛教，也称藏语系佛教，约于 7 世纪后半期由印度正式传入西藏地区，13 世纪开始在蒙古地区流传。藏传佛教的第一座寺院——西藏扎囊桑耶寺，建于 8 世纪后半期（图 1–4）。藏传佛教实行政教合一制度，以教统政，大寺院中的僧职也兼备官职

图 1–3 广东韶关南华寺宝林道场

图 1-4　藏传佛教最早的寺院——西藏扎囊桑耶寺

图 1-5　云南西双版纳景洪曼阁佛寺

作用。班禅额尔德尼为无量光佛（即阿弥陀佛）化身，达赖喇嘛为观音菩萨化身，是最大的活佛。其他僧众在政治、经济、宗教等方面也享有一定地位。

南传佛教，也称巴利语系佛教或上座部佛教。在我国云南傣族等少数民族地区流传的南传佛教，是在 7 世纪中期由缅甸传入的。最初未建立寺院，经典只能口耳相传，至明代隆庆年间（1567—1572），缅甸国王派来的僧团带来了佛经与佛像，才开始在西双版纳景洪地区兴建寺院，并快速发展，在傣族地区形成了占统治地位的局面（图 1-5）。傣族男子自学龄起必须出家为僧，到寺院学习文化知识，接近成年时再还俗。少数优秀的，可留在寺院内继续深造，升为正式僧侣。

二、中国佛教寺院的发展

东汉时期，汉传佛教传播的中心在长安、洛阳一带，当时佛教被许多人认为是一种神仙方术，甚至皇家也持这种观点，如汉桓帝刘志就把黄帝、老子、佛陀放在一起供奉。三国时期，许多高僧会集魏都洛阳译经，中原一带寺院大兴。此时，有的高僧还到吴都建业（今江苏南京）等地弘法，长江中下游地区也陆续建起了许多寺院。

南北朝时期，是我国汉传佛教第一个大发展的时期。梁武帝萧衍笃信佛教，曾四次舍身入寺，皆由朝廷出钱赎回（图 1–6）。他建立了大批寺院，并且亲自说经讲法。据统计，南朝梁代共有寺院 2846 座，僧尼达 82700 余人，仅建康（今江苏南京）一地就有寺院 700 余座，僧众上万人。

图 1–6　南朝梁武帝萧衍画像

北魏虽曾一度禁佛，但事后迅速反弹，寺院激增，并且开始在大同、洛阳开凿两座大型石窟（图 1–7）。据统计，北魏末共有寺院 3 万余座，僧尼 200 余万人。至北齐时，寺院已达 4 万余座，僧尼 400 余万人。

图 1–7　山西大同云冈石窟

隋唐两朝，是汉传佛教第二个大发展时期。隋文帝杨坚统一南北朝后，恢复了北周禁佛时破坏的寺院、佛像，并且在首都长安（今陕西西安）建立了国家寺院——大兴善寺，在全国建立了 111 座舍利塔（图 1–8）。同时，广置译场，罗织大批中外名僧翻译和疏解佛教经典。至仁寿年间（601—604），全国有重要寺院 3792 座，度僧 23 万人。

唐太宗李世民因在清除割据、平息骚乱时曾得僧兵相助，继位后即诏令全国“交兵之处”皆建寺院，并在大慈恩寺设立译经院，聘请国内外高师，培养了大批高僧、学者。随着国家财力的壮大和中外文化交流的发展，寺院建设在规模和质量上有了极大的提升。隋唐时期也是汉传佛教宗派分支最盛的时期，随着天台宗、三论宗、唯识宗、律宗、净土宗、禅宗、华严宗、密宗等宗派的创立，佛寺的建筑风格也出现了异彩纷呈的局面。唐会昌五

图 1-8　始建于隋代的陕西西安大兴善寺

年（845），武宗李炎下令灭佛，全国拆除寺院 46000 余座，26 万多僧尼被迫还俗。后来，佛教又逐步恢复，渐趋繁荣（图 1-9）。

两宋时期，朝廷对佛教采取保护政策，中断了 170 年之久的佛经翻译工作亦于北宋初恢复。至北宋天禧五年（1021），全国

图 1-9　建于唐大中十一年（857）的山西五台山佛光寺大殿

寺院计40000余座，僧尼46万人。元朝统治者崇尚藏传佛教，但对汉传佛教亦采取保护政策。元世祖至元二十八年（1291），全国佛寺数量仍有40000余座。清初皇室崇奉藏传佛教，一度曾限制汉传佛教发展，康熙朝禁令稍弛，汉传佛教逐渐恢复活跃气象，康熙六年（1667），全国佛寺达79600余座。康乾两朝，全国重新修建佛寺之风大兴。我国现存古寺，大部分是清代重修时的规模和形制。

藏传佛教在后来形成了几大派别，同时也出现了一批大型寺院。许多藏传佛教的大型寺院，其规模如同城镇，除了殿堂、灵塔、僧舍、经幢之外，还有办公房、私人住宅及街巷等，形成了一个自给自足的“小社会”（图1–10）。

随着藏传佛教向北方地区的传播，我国除西藏地区以外，青海、甘肃、内蒙古、北京等地也相继建起了一些藏传佛教寺庙（图1–11）。

南传佛教没有像藏传佛教那样跨越式发展，一直局限在云南傣族等部分少数民族聚居地区（图1–12）。不过南传佛教寺院的建筑风格，对我国西南地区汉传佛教寺院的建筑产生过一定影响，在许多寺院可以明显地看到缅寺、泰寺的建筑风格。

新中国成立以后，人民政府贯彻宗教信仰自由政策，许多

图1–10　规模如同城镇的甘肃夏河拉卜楞寺

图 1–11　青海湟中塔尔寺

在战争时期遭到破坏的寺院得以修复。可惜在“文革”期间，佛教事业又遭到严重破坏，寺院僧尼被强迫还俗，佛事活动被强迫停止，寺院建筑和设施遭到严重破坏。“文革”结束之后，全国拨乱反正，百废再兴，佛教事业也迅速恢复。随着改革开放的深入和国家综合实力的加强，各地寺院多已重修、扩建，一些废圮的名寺古刹也得以重建。许多地方还建了一些新寺院，如深圳于

图 1–12　云南西双版纳总佛寺大殿建筑

图 1–13 1998 年建成的海南三亚南山寺

1985 年新建了弘法寺，这是新中国成立以后大陆地区建立的第一座新寺院。1995 年，海南三亚新建了以南山寺为核心的佛教文化苑，是国内新建的最大道场之一（图 1–13）。

我国台湾、香港、澳门地区的佛教事业也在不断发展。港澳台地区的一些寺院不仅外观华美，内部装饰也十分现代化。如有的寺院大殿铺着木地板，挂着大型吊灯；有的还有电梯，寺院管理也使用了电脑；等等。

如今，我国各地著名的寺院不仅是弘扬佛法的重要场所，还是著名的人文旅游胜地。

第二章 寺院建筑

外来的佛教传入中国之后，佛寺建筑很快被中国传统的民族形式所同化，无论是汉传佛教寺院还是藏传佛教寺院、南传佛教寺院，都没有照搬佛教发祥地古印度佛教寺院的模式，而是打上了明显的中国印记。中国佛教寺院，以其独特的建筑风格，向世人展示着它的辉煌。

一、寺院建筑布局

1. 汉传佛教寺院布局

汉传佛教寺院的建筑，既突出了佛寺的功能，又吸收和融合了中国宫殿、官署的建筑风格。在我国，最高规格的建筑是宫殿，在中央集权和封建大一统观念的影响下，我国的宫殿建筑特别强调突出中心和中轴对称，强调有序，强调庄重。等而下之的各级官署也同样如此，只是规格相应递减而已。由于佛教传入中国之后很快为统治者所看重，也被信仰者所推崇，所以在严格区分官民等级的社会里，佛寺理所当然地享受了“官”的地位。所以，汉传佛教寺院无论在总体布局还是单体建筑上，人们都不难发现宫殿和官署的“影子”。

佛教发祥地古印度的佛寺，塔是寺院的中心，也是寺院的主体建筑。塔的四周，是回廊和殿堂。之所以突出塔，是因为塔内藏的是佛舍利，而佛舍利是佛教徒礼拜的对象。佛教传入汉地后，我国初始的寺院大多仿照古印度佛寺模式，突出塔的核心地位，平面呈正方形，中轴线上依次为大门、塔、大殿，如北魏洛阳永宁寺就是一个典型。永宁寺前有大门，门内就是一座九级楼阁式木塔。据北魏郦道元《水经注》记载，永宁寺塔高 49 丈（约相当于现在的 137 米），百里之外都可以望见，塔后面是大殿。两

图 2-1 考古学家杨鸿勋复原的永宁寺建筑格局

侧是配殿（图 2-1）。

后来，我国寺院里供奉的佛像逐渐成了佛教徒礼拜的重点。于是，供奉佛像的大雄宝殿也就逐步成为寺院建筑的核心。隋唐时期，我国寺院已基本上完成由以塔为核心到以大雄宝殿为核心的过渡。寺院的布局改为以大雄宝殿为重心、以院落为单元的群落式，平面由正方形变成了长方形。而塔大多被挪到了寺院的一侧（有的建有专门的塔院），或者被置于中轴线的最后一个院落。这种布局在总体上与宫殿、官署是一致的。这种合院式建筑群组满足了供奉佛像和进行佛事活动的基本要求，成为中国佛寺的基本形式。宋朝以后，寺庙殿堂建筑布局基本定型，形成了“伽蓝七堂制”，即佛寺通常坐北朝南，沿山门南北中轴线，保持一定合理的距离，修建若干殿堂。塔的地位进一步下降，许多寺院已不再建塔。

现在我们所看到的汉传佛教寺院，一般都是纵轴对称式的院落群。总平面是由三条平行的纵轴形成三组院落，以中间一组为全寺中心。一些大型寺院（特别是敕建寺院），都是严格按照这种布局来规划建设的（图 2-2）。寺院朝向一般为正南方向。其基本模式：中轴线最前面是山门（即寺院大门），门内第一殿为天王殿，天王殿前的院落左右两侧为钟楼、鼓楼；天王殿后面是大雄宝殿（主殿），二殿之间的院落两厢为配殿；大雄宝殿后面是藏经楼，二殿之间的院落两厢也是配殿。有的寺院在大雄宝殿和藏经楼之间还建有一些殿堂，如法堂、戒坛殿、净业堂、大悲殿、三圣殿、毗卢殿、无量殿等。中轴线两侧为僧人起居区、寺院管理区、客房等，如方丈室、僧寮、香积厨（食堂）、仓库等。也有的寺院管理区、起居区等在中轴线的最后面。寺院如此规整的布局，尽显稳重大气，再配以廊庑之胜、园林之美，起承转合之间，给人以既气魄又清幽的感觉。

以上所说的只是汉传佛教寺院的常见建筑布局，许多著名寺院，如北京法源寺、北京潭柘寺、山西五台山碧山寺、陕西扶风法门寺等，皆为这一格局。例如，始建于明万历五年（1577）

图 2-2 河南开封大相国寺平面布局图——中国传统的纵轴对称布局

的北京万寿寺，经康熙、乾隆两朝修缮，寺院建筑布局基本定型：中路建筑依序为山门、左右钟鼓楼、大雄宝殿、万寿阁，大禅堂、假山及三大士殿、清乾隆二十六年（1761）碑亭、无量寿佛殿、清光绪二十年（1894）碑亭、万佛楼；东路设有大斋堂、法堂、药师堂、方丈室等建筑；西路设有茶房、寿膳房、前殿、前正殿、后罩楼、大悲殿等建筑（图 2–3）。

至于建在山林中的许多寺院，由于受地形限制，并不强调严格遵循纵轴对称布局，而是随地形变化予以灵活变通。殿堂等各种建筑的多少，也往往不求一律，但寺院的基本建筑（山门、天

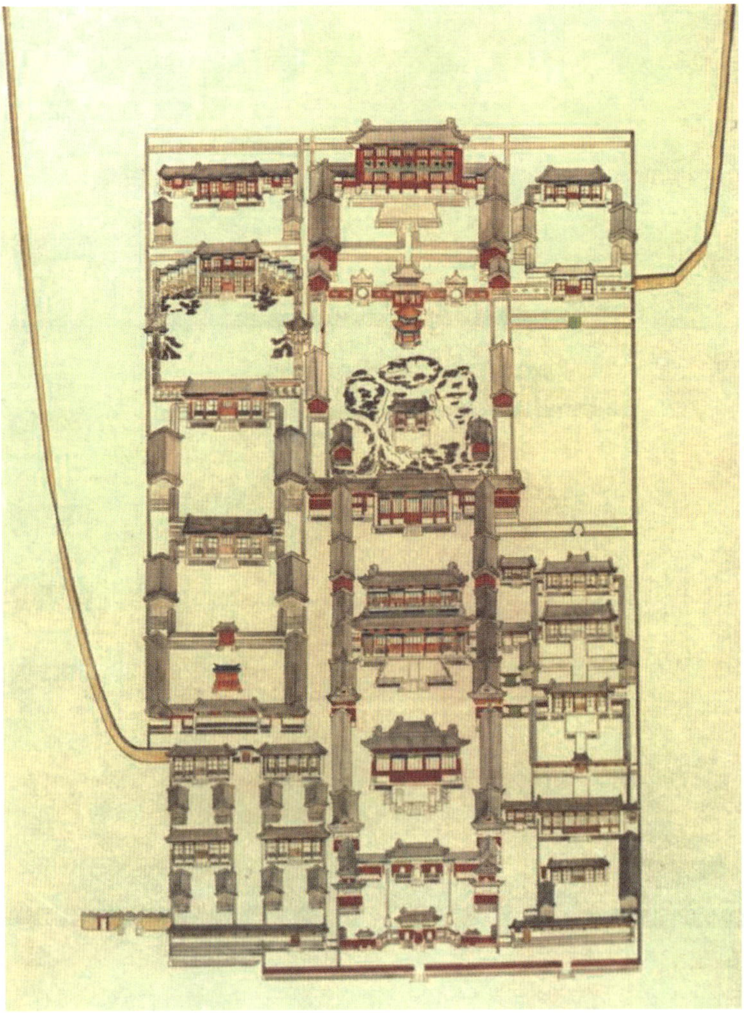

图 2–3 清光绪年间（1875—1908）的《北京万寿寺建筑格局图》

图 2–4　建在崖壁上的山西浑源县恒山悬空寺

王殿、大雄宝殿）是不可少的。比较典型的有山西浑源县恒山悬空寺、山东济南千佛山兴国禅寺等。

始建于北魏太和十五年（491）的悬空寺，建造在山西浑源县恒山金龙峡西侧翠屏峰的半崖峭壁间，是一组由多座殿堂组成的寺庙建筑群。四十间殿堂都悬挂在悬岩峭壁之上，它们的重量完全依靠插入石崖中的木梁支撑，在这些木梁上立柱架梁造房屋，再用栈道将殿堂连成一座寺院。层楼高悬，廊榭斜倚，曲折出奇，难怪古人赞叹道："飞阁丹崖上，白云几度封。""蜃楼疑海上，鸟道没云中。"（图 2–4）

还有更特殊的，有的寺院完全摒弃了群落式布局，而是采取立体式布局，如安徽九华山百岁宫，就将山门、大殿、肉身殿等汇集于一座五层楼中（图 2–5）。类似的还有广西湛江玉佛寺、

图 2-5 烟雨缥缈中的安徽九华山百岁宫

香港妙法寺等。这种寺院模式在台湾地区的新修佛寺中更是多见，有的佛寺就是一幢高楼，山门、天王殿、大雄宝殿、讲堂、僧舍等逐层设立，有的主楼之外另设辅楼作为办公、生活区，甚至有的楼宇还建有地下停车场等。

2. 藏传佛教寺院布局

藏传佛教寺院一般规模比较宏大，气势十分雄伟，色彩金碧辉煌，结构复杂神秘。藏传佛教因受古印度文化和汉族文化的双重影响，又根据其高原多山的地理环境，在寺院建筑布局上不仅体现了鲜明的藏地文化特色，也具有很强的综合性。藏传佛教寺院的主殿一般为三层，下层为藏式，中层为汉式，上层为印度式。与汉传佛教寺院最大的不同在于藏传佛教寺院不要求整体布局的对称，而是依地势设置殿堂，强调从变化中寻找协调，注重渲染藏传佛教的神圣色彩。寺院主要由拉康（佛殿）、扎仓（经学院）、灵截殿（保存活佛肉身处）三部分组成。拉康是寺院的主体部分，一般矗立在寺院中心，象征须弥山；主殿四周有四个佛殿，象征四大部洲；周围还有象征八小洲和日月的众多建筑（图 2-6）。

图 2-6 西藏拉萨大昭寺主殿建筑

从远处看，藏传佛教寺院大多像一座大城堡，而里面又十分复杂神秘，给人以如入迷宫的感觉。

藏传佛教在蒙古族聚居地区和其他地区的寺院，既保留了藏传佛教寺院的特点，也融会了当地寺院建筑的各种风格，比如北京和内蒙古自治区的藏传佛教佛寺，也采取汉传佛教寺院的纵轴对称式布局。比较典型的如北京雍和宫、内蒙古呼和浩特大召寺等。而河北承德的外八庙，则在保持纵轴对称布局的基础上体现出较大的灵活性。特别是像普陀宗乘之庙、须弥福寿之庙，都建有高大红墙和白墙的主殿与配殿，寺内殿堂依山势布局，灵活多变，在大量汉式建筑中又突出了藏式建筑，体现了多民族文化交融的特质（图 2-7）。

图 2-7 河北承德普陀宗乘之庙全景

3. 南传佛教寺院布局

南传佛教寺院既受到缅甸、泰国佛寺的影响，又结合云南西双版纳地区傣族等少数民族地区民间建筑的特色，同时还吸收了汉传佛教寺院的一些做法，其建筑布局也体现出较大的灵活性。一般南传佛教寺院的格局：庙门里面连着走廊，通过走廊向前是供奉佛像的佛殿，佛殿左边是寺塔，右边是鼓楼，后边是僧舍。佛寺以佛殿为中心，整体布局灵活自由，不讲求中轴对称。南传佛教寺院分布的地区虽不广，但密度极大，如在云南西双版纳地区，可以说是“村村有佛寺，家家有佛堂”。佛寺分为四个等级：最高等级佛寺为总佛寺，负责协调佛事活动、颁布有关教规、批准僧侣晋职等（图 2–8）；第二等级佛寺是各勐的总佛寺，负责勐内教务；第三等级佛寺是同一地区具有至少四个寺院的村寨组成的若干中心寺，负责监督、考核比丘持戒的情况、组织每月的佛事活动等；各村寨的佛寺则是第四等级，属于基层寺院。

图 2–8　云南西双版纳总佛寺山门

二、寺院主要建筑

我国汉传佛教寺院的主要建筑有山门、天王殿、大雄宝殿、佛塔，其他有藏经楼、钟鼓楼、讲堂、戒堂、斋堂、僧寮等。各寺院因规格、财力或地理条件等因素限制，建筑物或多或少，少的仅三五间建筑物，多的则可达数百间。寺院中的建筑主要有山门、钟鼓楼、天王殿、大雄宝殿、藏经楼、无量殿和其他殿堂、寺院管理和生活区的建筑、佛塔、塔林、放生池等。

1. 山门

山门，即寺院的正门，因寺院多建在山林之处，故而得名。通常寺院坐北朝南，山门向南开。由于寺院的大门多为三洞（一般中间一洞较高大，两边的略小），所以山门也称为“三门”（图2-9）。

为什么山门一般都是三洞呢？这与佛教教义有关。佛教讲“解脱”，解脱之路有三条——即空解脱、无相解脱、无愿解脱，经过如此“三解脱”，就可谓修行圆满了。寺院的三门，就象征着即空门、无相门、无愿门。佛门弟子入此三门，即迈上了漫长的修行之路，只有一心一意刻苦修行，才可证得佛果。还有一种说法，三门象征佛门弟子必须修持的三种基本学业——戒、定、慧。戒，是指要学习并遵守佛门戒律；定，是指要摒弃杂念，专心致志，达到舍念清净的境界；慧，即智慧，是指要做到有厌、无欲、见真。

图 2-9　北京卧佛寺三洞山门

三种基本学业中，“慧”最重要，“戒”和“定”是获得慧的手段，只有获得慧，才能达到圆满解脱的涅槃境界。

山门的作用不仅仅是供人们出进寺院，它还对人有一种警示功能。山门也是佛界与尘世的分界处，进入山门，就等于进入了佛界。山门时刻提醒着佛门弟子——进入此门，就当僧俗有别，摒弃杂念，潜心佛事；它也在告诉香客、游客——门内是有别于尘世的清净世界，入门就要尊重佛教教义，遵守寺院管理制度。所以，当游人礼拜和参观寺院时，也应保持肃敬心态，不可喧哗吵闹，更不能损坏寺内建筑和各种设施。

山门是寺院展示给人们的第一道建筑，从某种意义上说，也是一座寺院的“门面”，所以一般寺院都比较重视山门的建设，在守制的基础上尽量出新。纵观我国各地寺院的山门，可谓百花齐放，异彩纷呈。一般来说，皇家敕建寺院和一些规格较高的寺院，山门建筑讲究庄重，在体量上给人以厚重感，色彩以红、黄、白三色为主，没有过多的装饰，也不绘制繁杂的图案，如四大佛教名山的一些主要寺院、各地在佛教界影响较大的一些寺院大多如此（图 2–10）。一些规格较低、规模较小的寺院，比较追求山门的华美，不仅色彩比较鲜艳，而且上面还要尽量点缀一些图案。

图 2–10　庄重的浙江普陀山普济禅寺山门

从总体上来说，寺院山门的外观可分为两大类，即牌坊式和殿堂式。

牌坊式山门多为砖石建筑，顶部一般呈当中高两边低的“山”字形，有单檐、重檐之分，上覆琉璃瓦或青瓦。门洞中间的较高，两边的略低，如北京法源寺、河南洛阳白马寺、贵州贵阳弘福寺（图 2–11）、福建厦门南普陀寺等。寺院山门也有单门的，如辽宁鞍山千山龙泉寺（图 2–12）、浙江杭州径山万寿禅寺、浙江宁波天童禅寺等。还有的为五门，如上海的龙华寺等。

图 2–11　贵州贵阳弘福寺的三门牌坊式山门

殿堂式山门一般为三开间（少数有五开间或七开间的），进深二至三间，多为单檐歇山顶式或庑殿顶式，上覆琉璃瓦或青瓦。正面开门变化比较多，一般为一门二窗式，如北京碧云寺、辽宁沈阳慈恩寺、河南开封大相国寺（图 2–13）等。山门也有三门式，如北京潭柘寺、辽宁沈阳实胜寺、陕西西安香积寺等。还有的只开一个门，如北京广化寺（图 2–14）、吉林广济寺等。

图 2–12　辽宁鞍山千山龙泉寺的单门牌坊式山门

图 2-13　河南开封大相国寺单檐歇山顶的一门二窗殿堂式山门

图 2-14　北京广化寺的单门殿堂式山门

殿堂式山门内部，多在左右两侧置哼哈二将或者赤火与避水两位金刚的塑像（图 2–15、图 2–16）。所谓哼哈二将，就是金刚力士，相传他们原为古印度国的两个太子，后皈依佛门成了佛的侍卫。置于左边的叫密执金刚，右边的叫那罗延金刚，二力士袒胸露臂，手执金刚杵，形象威猛，其表情一个忿然闭唇，像是在“哼”，另一个怒颜张口，像是在“哈”。明代以后，这两个金刚力士由《封神演义》中的“哼”（郑伦）、“哈”（陈奇）二将的形象所代替，逐步汉化。有的山门内不置塑像，以当中一

图 2–15 北京碧云寺哼哈二将

图 2–16 云南昆明筇竹寺山门内的赤火金刚与避水金刚

间作为出入过道，两边两间供寺院门卫使用。

一般寺院的山门，两边都连着院墙，寺内寺外明显隔开。有的寺院，山门不连围墙，所设山门只是寺院的一个标志。许多寺院在山门两侧的围墙上开有对称的两个腰门，平时大门不轻易打开，人们只能从腰门出入。

图 2-17　河南襄城首山乾明寺山门前的明代照壁

山门的前面，大多左右对称放置一对石狮子，也有的安置双碑或组碑，如北京智化寺、潭柘寺等。有的山门前放有牌坊，如北京卧佛寺。有的门前还有照壁，如河北正定隆兴寺、河南襄城首山乾明寺（图 2-17）等。

建在山林中的寺院，许多山门前都有高高的石阶，人们来到寺前，仰望崇阶之上高高耸立的山门，不禁心生敬畏。位于云南昆明玉案山上的筇竹寺，一改“开门见山”的传统建筑布局，山门并未直冲道路，而是先要经过一段缓缓而上的坡道，绕过院墙，方可到达山门，给人以欲扬先抑之感（图 2-18）。

图 2-18　云南昆明筇竹寺山门前的长坡道

图 2–19 天津蓟州区独乐寺的庑殿顶式山门线绘图

我国现存最早的庑殿顶式山门，是今天津蓟州区独乐寺山门。独乐寺始建于唐代，重修于辽代，是第一批全国重点文物保护单位。该寺山门坐北朝南，高 10 米，面阔三间，进深两间。山门的屋顶是四面坡，檐角如飞翼，正脊两端的鸱吻，犹如雄鸡飞翔，生动逼真，是我国现存最早的鸱吻实物（图 2–19）。独乐寺山门还有一个特点，就是当人们站在山门的正当中时，从山门门框中便可把该寺最高建筑观音阁尽收眼底。这种情况，在其他寺院中极为少见。

图 2–20 山东济南千佛山兴国禅寺的西向山门

在中轴对称布局的寺院中，山门一般建在中轴线的最前端，不过也有特例，如浙江普陀山法雨寺的山门就建在寺院东南角上。特别是建在山林中的一些寺院，山门往往因地而设，如山东济南千佛山兴国禅寺的山门，就建在寺院的西侧（图 2–20）；安徽九华山上禅堂的山门就开在寺院的东山墙上。

图 2–21 浙江普陀山法雨寺的方亭式山门

山门的形式，除了牌坊式和殿堂式这两种主要形式之外，还有一些其他式样，如方亭式（如浙江普陀山法雨寺山门）、城楼式（如陕西西安大兴善寺山门）等（图 2–21）。

图 2–22　由北宋文学家苏轼题写的广州六榕寺匾额

图 2–23　四川峨眉山报国寺山门前由清康熙皇帝御题的匾额

图 2–24　赵朴初题写的广东潮州开元寺匾额

图 2–25　内蒙古呼和浩特大召寺山门前的匾额

寺院山门最醒目的，是它的匾额。山门匾额或镌刻于门楣上端，或悬匾于重檐之间（单檐建筑悬于门楣），多为著名书法家、高僧大德、社会名流书写，字体工整庄重，多为书法艺术的精品（图 2–22）。

有些寺庙的匾额还为皇帝御笔所题，如四川峨眉山报国寺山门匾额是由清康熙皇帝御题的，天津盘山天成寺的山门匾额是乾隆皇帝御题的（图 2–23）。

“文革”后我国重新修建的寺院中，以全国政协原副主席、中国佛教协会原会长、著名书法家赵朴初先生题写的山门匾额为最多（图 2–24）。

山门匾额一般所题为本寺寺名，也有的题写其他内容，如内蒙古呼和浩特大召寺山门匾额曾用“九边第一泉”（图 2–25）。“南岳四大名寺”之一的衡阳福严寺，山门匾额题写的是“天下法院”。海南三亚南山寺，山门匾额为“不二”。

许多山门在两侧还有对联，对联内容多为弘扬佛教教义、突出本寺特点或地位、

图 2-26　浙江温州江心寺山门兼天王殿前悬挂的对联和赵朴初题写的匾额

赞美本寺环境等。如山东济南千佛山兴国禅寺山门对联“暮鼓晨钟警醒世间名利客，经声佛号唤回苦海梦迷人”就是弘扬佛教教义的典型对联。广东广州六榕寺山门对联“一塔有碑留博士，六榕无树记东坡”恰切地说明了该寺的特点。湖南长沙麓山寺山门对联“汉魏最初名胜，湖湘第一道场”则高度肯定了该寺的地位。香港青山禅院山门对联“十里松杉藏古寺，百重云水绕青山”对该寺的优美环境作了生动刻画。还有的寺院对联并不追求以上实用功能，而是别出心裁，如浙江温州江心寺山门对联“云朝朝朝朝朝朝朝朝散，潮长长长长长长长长消”就是一例（图 2-26）。总之，匾额和对联，对寺院山门起了画龙点睛的作用，恰好地彰显了寺院的文化品位，是参观佛寺时不可忽视的内容。

2. 钟鼓楼

进入山门之后，在第一进庭院前部的左右两侧分别建有钟楼和鼓楼，二楼外观大致相同，互相对应。钟楼也称钟撞堂、钟堂、钟台，起源于古印度祇园精舍无常堂所悬挂的颇梨钟，在我国大

图 2-27　四川峨眉山万年寺钟楼

图 2-28　北京法源寺鼓楼

约出现于唐代，立于南北轴线东侧。鼓楼出现的时间较之钟楼要晚，位于南北轴线西侧。

图 2-29　河南嵩山少林寺钟楼

钟鼓楼多为二层楼阁式建筑，横断面一般为正方形。立面下层稍高、宽，上层略低、窄。上层屋顶多为十字脊，飞檐斗拱；下层亦有檐，与顶檐相呼应（图 2-27、图 2-28）。钟鼓楼也有三层的，如浙江杭州净慈寺、上海龙华寺的钟楼就是三层。河南嵩山少林寺的钟楼甚至高达四层（图 2-29）。当然，也有单层的，那实际上不是楼，而是亭，不过人们仍习惯称之为钟鼓楼。

钟鼓楼的下层，内部一般只设登楼阶梯，上层置钟、鼓。各寺院的钟鼓都尽所能求其大，如陕西西安大慈恩寺钟楼里悬挂的大铁钟，重达 3 万多斤；鼓楼里架的大鼓，直径长达 2 米。

3. 天王殿

在汉传佛教寺院，天王殿是进山门后的第一殿，稍具规模的寺院都设天王殿。不过也有的寺院将天王殿与山门合而为一，不再单独设天王殿。设天王殿的意义，一是迎客，二是护寺。

（1）天王殿的建筑特点

图 2-30　山东汶上宝相寺覆黄琉璃瓦的天王殿

天王殿一般面阔三间或五间，进深二至三间，屋顶多为歇山顶式或庑殿顶式，有单檐、重檐之分，上覆琉璃瓦。琉璃瓦的颜色多为黄色和绿色，个别的为黑色，如明代皇家敕建的一些寺院即用黑琉璃瓦，北京智化寺就是一例（图 2-30、图 2-31、图 2-32）。

我国古代建筑中，琉璃瓦是有等级的，黄色为最高等级，

图 2-31 北京戒台寺覆绿琉璃瓦的天王殿

图 2-32 北京智化寺覆黑琉璃瓦的天王殿

绿色次之，黑色为第三等，一般黄琉璃瓦只用于皇宫，王府和官署用绿色或黑色的。但是寺院建筑没有严格限制，我国现存清代寺院殿堂，有的用黄琉璃瓦，有的用绿琉璃瓦。现代新修的殿堂多用黄琉璃瓦。

许多寺院的天王殿设月台，有的月台还比较高大。一般情况下，如果寺院的主殿大雄宝殿有月台，天王殿往往可能有月台，也可能没有月台; 但如果主殿没有月台，天王殿也就不会有月台了。天王殿一般前后通门，游人可穿过天王殿到达第二进院。但也有的不设后门，而在天王殿两侧设腰门，游人须从腰门进入后院。

（2）天王殿的殿内布置

天王殿里面，迎门正面供的是弥勒佛像，两侧供的是四大天王，在弥勒佛像背后供韦驮菩萨。

弥勒佛，即未来佛，“弥勒”是巴利文 meida（其根源始自梵文 Maitreya）的音译简称。弥勒佛生于南印度婆罗门，是释迦牟尼的弟子。释迦牟尼曾预言他将继承自己的佛位，为一生补处菩萨。弥勒先佛入灭，于兜率天内院，经四千岁（即人世五亿七千六百万岁）下生人间，于华林园龙华树下成正觉，所以佛教中称之为未来佛。

天王殿里弥勒佛的形象有两种，一种是头戴天冠，正襟危坐，眼观鼻，鼻观心，一副悲天悯人的样子。然而，各地寺院天王殿

中，多见的是一种喜眉乐目、袒胸露腹、笑口常开的大肚弥勒佛像。大肚弥勒佛的形象是根据我国五代时高僧契此的形象塑造的。据传契此身宽体胖，肚子奇大，常常背一口袋，见物即乞，因此人们称其为“布袋和尚”。他出语无定，但为人预卜吉凶非常灵验，十分神奇。据说契此圆寂时，端坐于磐石上，口诵偈语曰：“弥勒真弥勒，化身千百亿，时时示时人，时人自不识。”偈毕，安然而逝。由此，人们把契此看作弥勒佛的化身，便将弥勒佛的形象塑成了他的样子。

我国现存最早的大肚弥勒佛造像，位于浙江杭州灵隐寺飞来峰石窟。他席地而坐，右手按着一只布袋，左手捻着一串佛珠，双耳垂肩，下巴肥厚，大肚圆挺，肚脐外露，面部表情和蔼憨厚，一般认为这是大肚弥勒佛的标准造像（图 2–33）。

图 2–33 浙江杭州飞来峰的大肚弥勒佛雕像

寺院在天王殿正中供大肚弥勒佛像，恰到好处地表现了迎客的主题。游人进入寺院第一个殿堂，迎面就是一位侧卧而坐、乐呵呵的大肚和尚，自然会生出一种亲切感（图 2–34）。

弥勒佛像的朝向，一般与山门一致，坐北朝南，但也有特例，如辽宁千山龙泉寺天王殿的弥勒佛，就是面向北方的，称为“倒座弥勒”。之所以这样安置，据说是因为龙泉寺地方自然环境优越，

图 2-34 北京大悲寺天王殿内的弥勒佛像

只是北面有一个山口，风力较大，所以让弥勒佛面朝北，寓意吉祥和顺。

天王殿左右两侧的四大天王（也称四大金刚）为守护神，担负着护佛、护法、护僧、护国、护众生的职责。佛教认为，世界以须弥山为中心，四周是大海，海的四面各有一洲，每洲各有一位天王守护。守护东胜神洲的是提多罗，守护南赡部洲的是毗琉璃，守护西牛贺洲的是毗留博叉，守护北俱芦洲的是毗沙门。四大天王各率二十八部夜叉大将，镇守佛国一方。汉地寺院天王殿里的四大天王，个个身穿甲

图 2-35 浙江普陀山普济寺四大天王塑像

图 2-36 台湾地区南投中台禅寺天王殿内毗琉璃天王像

胄，怒目圆睁，形象十分威猛(图2-35)。

四大天王中，身塑青色、手持宝剑的，是南方增长天王；身塑白色、手持琵琶的，是东方持国天王；身塑青色、手持伞的，是北方多闻天王；身塑红色、手握一条蛇的，是西方广目天王。四大天王手中所持法器（剑、琵琶、伞、蛇），象征着风调雨顺、国泰民安，可保五谷丰登，消灾灭祸，众生平安。天王殿里的四大天王塑像，都十分高大，如江苏常州天宁寺天王殿，四大天王高达7.8米，为国内少见。台湾地区南投中台禅寺天王殿中的四大天王像，与柱身合一，分立在殿堂四周，天王像皆以黑色花岗石雕刻而成，高度约12米，重达100多吨，令人为之震撼（图2-36）。

许多天王殿在弥勒佛像的背后置韦驮菩萨像，韦驮菩萨一般是童子面相，全身着甲胄，手持金刚宝杵，形象威武骁勇却不失和善（图2-37）。传说释迦牟尼涅槃时，有邪魔将其遗骨夺走，韦驮急追猛赶，把遗骨夺回，所以认为韦驮能驱逐邪魔，保护佛法。寺院里各正殿的佛像，都是面对山门的，唯有天王殿的韦驮菩萨是背对山门、面向大雄宝殿的。之所以这样，是为了让韦驮菩萨能够注视进出大雄宝殿的人，更好地履行护持佛寺的职责。韦驮菩萨像手持杵的姿势是有讲究的，手

图 2-37 浙江普陀山大乘禅院天王殿的韦驮菩萨像

图 2-38　云南昆明圆通寺弥勒宝殿后面的韦驮菩萨像

持杵向上放在肩上的，说明该寺院可以免费接待四方游僧在本寺吃住三天；手持杵呈平端状，说明该寺只能免费接待游僧吃住一天；手持杵向下拄在地上的，说明该寺没有条件接待游僧免费吃住（图 2-38）。

（3）其他

有的寺院第一进建筑不是天王殿，如地藏菩萨道场安徽九华山化城寺、祇园寺，寺院的第一进建筑是灵官殿，第二进才是天王殿。祇园寺灵官殿内供的灵官像，赤面红须，怒目圆睁，额头上还有一只小眼。灵官身穿黄金铠甲，右手高举钢鞭，左手

图 2-39　浙江杭州灵隐寺天王殿所悬挂的清康熙皇帝题写的“云林禅寺”匾额

攥拳，十分威武。道教中的灵官怎么会到佛寺来看门护院呢？原来，在金元时候，全真道的创立者王重阳提倡儒释道三教合一，主张“释道从来是一家，两般形貌理无差”。这一主张也被一些佛教信徒接受了，所以，道教的灵官也住进了佛教的寺院。这种释道兼容的情况还有其他例子，比如宁夏寿佛寺，里面不仅供奉诸佛菩萨，还供奉玄武大帝（道教徒甚至称其为“北武当”），在清朝时就成了儒释道皆尊、禅道密并重的著名道场。

天王殿的匾额，大多数直书“天王殿”三字，也有题写其他内容的，多为名人（甚至帝王）题写（图 2–39）。殿前和殿内的楹柱上，多悬对联。对联内容多为宣扬佛法、弘扬教义。比较有特色的是一些称颂弥勒佛的对联，一般为“大肚能容，容天下难容之事；笑口常开，笑世上可笑之人”。另外还有“说法显身容大度，救人出世尽欢颜”（浙江杭州灵隐寺）、“长啸几时休，此圣人眉睫中无一丝挂得上的烦恼；一禅长坐定，这和尚布袋里有什么装不下的东西”（云南昆明华亭寺）等。

4. 大雄宝殿

大雄宝殿是寺院建筑群的重心，也是寺院的主殿（正殿）。之所以叫“大雄宝殿”，是因为大雄宝殿中供奉本师释迦牟尼佛的佛像。大雄是佛的德号——大者，是包含万有的意思；雄者，是摄服群魔的意思。因为释迦牟尼佛具足圆觉智慧，能雄镇大千世界，因此佛弟子尊称他为大雄，意思是指佛的智慧法力广大无边。大雄宝殿也是寺院僧众朝暮集中修持的地方。

（1）大雄宝殿的建筑特点

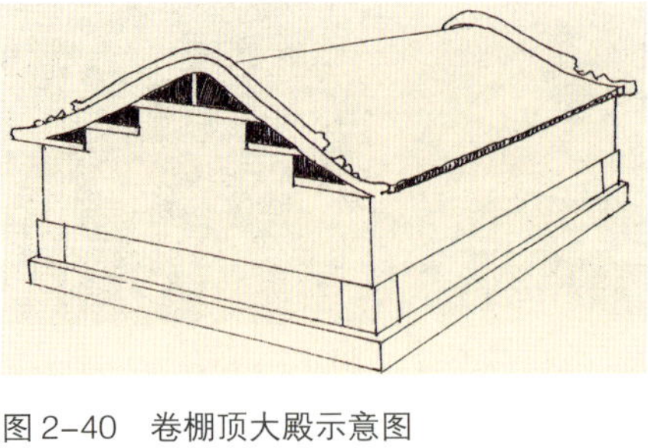

图 2–40　卷棚顶大殿示意图

常见的大雄宝殿建筑，立面由基座、墙身、屋顶三部分组成，单层，体量比天王殿要大许多。大雄宝殿建筑一般有以下几个特点：

一是殿顶高大。常见的殿顶有三种：第一种是两坡式，即两个坡面，两边墙为硬山，只前后两面出檐。两面坡式又有起脊顶与卷棚顶之分（所谓卷棚顶，即两面坡在顶部相交时成弧形，没有明显的屋脊）（图 2–40）。

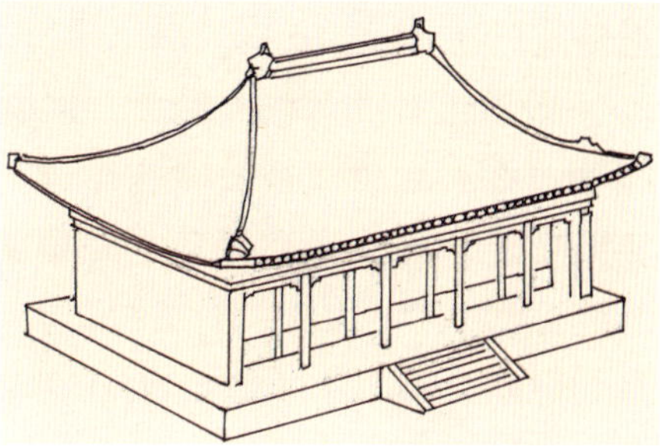

图 2–41　庑殿顶大殿示意图

第二种是庑殿顶式，即四个坡面，屋顶当中是正脊，两端各接“人”字形垂脊，下面四边出檐，也称为四阿顶、五脊顶（图 2–41）。如北京妙应寺、陕西扶风法门寺（图 2–42）、陕西西安香积寺的大雄宝殿就是庑殿顶。

图 2–42　陕西扶风法门寺大雄宝殿的庑殿顶

第三种是歇山顶式，也是四个坡面、当中正脊，但正脊的两端垂直折下，成三角形的垂直墙面，建筑学上称为“山花”（也有的称屋山），山花下面再接“八”字形戗脊到达两角，也是四面出檐，又称四溜顶、九脊顶（图 2–43）。如北京广化寺大雄宝殿、河南开封大相国寺大雄宝殿就是歇山顶。

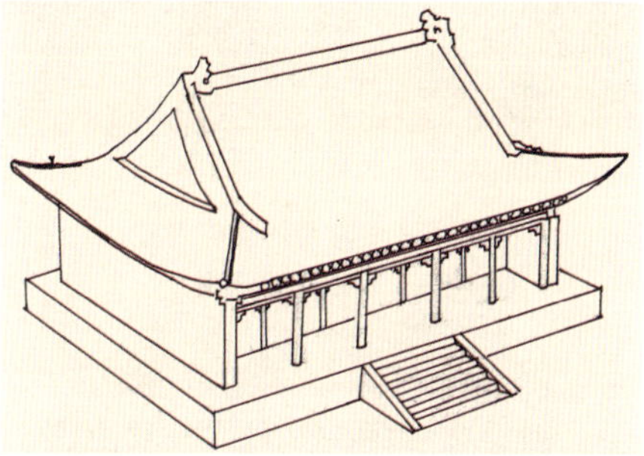

图 2–43　歇山顶大殿示意图

一般大型寺院的大殿，屋顶多为庑殿顶式或歇山顶式，这两种殿顶的瓦面斜坡呈抛物线状，屋檐微微上昂，四角翘起，具有雄伟的气势与和谐的美感。屋檐有单檐、重檐之分，重檐的下檐比上

图 2–44　江苏连云港海宁禅寺大雄宝殿的重檐歇山顶

檐略宽广（图 2–44）。

殿顶正脊的两端有鸱吻，据说为龙生九子之一，喜欢在高处，能喷水吞火，故而被放置在屋顶上以避火灾。鸱吻还有建筑上的实用功能，因正脊和檐角是殿顶两坡的交汇点，雨水易从交汇点的缝隙渗入，所以鸱吻在这里还起着严密封固瓦垄的作用，使脊垄既稳固又不渗水（图 2–45）。有的正脊上面还有二龙戏珠等装饰，或是在正中置宝塔、火珠等锥形装饰（图 2–46）。

垂脊下端饰有戗兽。寺院大雄宝殿戗兽的数量为 3 ～ 7 个不

图 2–45　浙江普陀山大乘禅院大殿正脊上的鸱吻

图 2–46　四川峨眉山万年寺大雄宝殿正脊正中的宝塔

等，皆取奇数（皇宫建筑才能使用9个戗兽，故宫太和殿为10个戗兽属特例）（图2–47、图2–48、图2–49）。戗兽象征着消灾灭祸、吉祥安定、剪除邪恶、主持正义等寓意。

图2–47 三戗兽

戗兽的作用，一是对大殿起装饰作用，二是表明大殿规格，同时也是建筑物上的实用部件。因为大殿垂脊上的卷瓦，需要用一根根钉子钉在脊上，以免下滑，而戗兽都是装在钉子上面的，起着护钉防锈的作用。大雄宝殿的殿顶，多覆琉璃瓦，颜色有黄、绿、黑不等（参见前“天王殿”）。

图2–48 五戗兽

图2–49 七戗兽

二是使用斗拱。斗拱是中国古代建筑最显著的特征。所谓斗拱，就是在立柱和横梁的交接处，在柱子的顶端加上一层层逐渐探出的弓形短木（建筑学上称为“拱”），两层拱之间用斗形方木垫着（建筑学上称为“斗”），这种由斗和拱综合构成的单位，就叫斗拱（图2–50）。

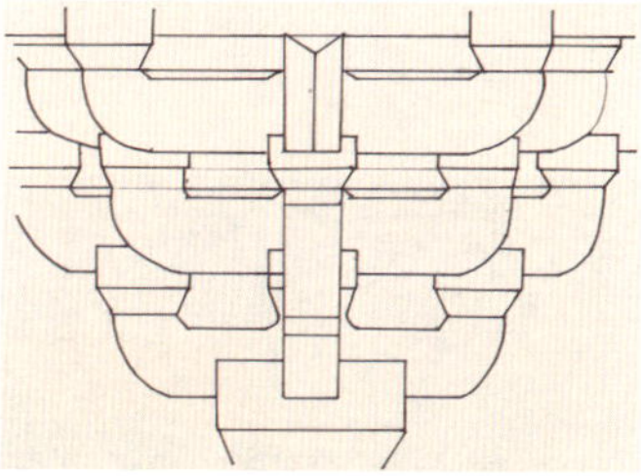

图2–50 斗拱架构示意图

斗拱的作用主要在于可以减少立柱和横梁交接处的剪力（将屋檐压力逐层传递给立柱，直至基础），保证横梁的坚牢。另外，斗拱也有很好的装饰作用，特别是屋檐下的

图2–51 山西五台山佛光寺大雄宝殿的斗拱

斗拱，加以彩绘之后，显得十分华美（图 2–51）。

图 2–52 北京潭柘寺大雄宝殿的月台

三是台基宽广。大雄宝殿都是建在宽广的台基上的，许多大雄宝殿还有月台，月台一般 1 ～ 3 层不等，有的月台还有石雕护栏，如北京潭柘寺大雄宝殿是一层月台，有护栏（图 2–52）；陕西西安大慈恩寺大雄宝殿是两层月台，有护栏；吉林敦化正觉寺大雄宝殿是三层月台，有护栏。月台上多置有宝鼎、香炉等。

四是色彩鲜明。大雄宝殿一般大胆地使用朱红色作为建筑物的主色。大殿的墙壁、门窗、楹柱等皆为红色，木构架的上部结构，如额枋、梁架、柱头、斗拱、雀替等均饰彩绘，颜色以红、黄、蓝为主。所以，大殿外面色彩十分耀眼，大殿的里面（尤其是殿顶）更给人目不暇接的感觉。从总体上看，大殿自台基、墙面到屋顶，依次为白、红、黄（或绿）三种色调，三种色调对比明显，搭配协调，格外令人瞩目（图 2–53）。

图 2–53 自下而上呈白、红、黄三种色调的山东汶上宝相寺大雄宝殿

五是开阔气魄。大雄宝殿作为寺院的核心建筑，一般也是该寺体量最大的建筑。许多大雄宝殿，加上宽大的台基，往往占地一两千平方米。如清初修建的河南开封大相国寺的大雄宝殿，面阔七间，进深五间，高约 13 米，气势恢宏，被誉为“中原第一殿”（图 2–54）。大雄宝殿的内部空间都十分开阔，如江苏常州天宁寺大殿面积 1021 平方米，浙江杭州灵隐寺大殿面积 1200 平方米，殿内能容上千人（图 2–55）。大殿开阔气魄，充分显示了佛祖“大雄大力”的主题，也象征着佛法的广大无边。

以上所说的只是大雄宝殿建筑的一般特征，还有一些特殊情况。例如，浙江普陀山法雨寺主殿是奏请康熙皇帝后，仿故宫九龙殿建成的，是目前国内寺院建筑中规格最高的佛殿。殿内的八根金柱立在雕龙的柱础上，藻井有一条龙盘顶，八条龙顺垂柱飞舞而下，形成“九龙盘拱”状，加上殿顶悬吊的琉璃灯又似“九龙戏珠”，十分精美（图 2–56）。

图 2–54 河南开封大相国寺大雄宝殿

图 2–55 浙江杭州灵隐寺大雄宝殿

图 2–56 浙江普陀山法雨寺大殿的九龙盘拱藻井

衡山南岳庙大殿，殿前丹墀正中铺有大理石浮雕龙，这是只有皇宫大殿才可以采用的装饰，用在寺院实属罕见。再比如，东南沿海地区，许

图 2–57 安徽九华山旃檀林禅寺大雄宝殿前的雕龙石柱

多寺院大殿的柱子不用木材，而是使用石材，有的殿前还使用雕龙石柱，如福建厦门普光寺、泉州崇福寺等。安徽九华山旃檀林禅寺新修的大雄宝殿，不仅檐前有一排高大的青石雕龙柱、丹墀有青石龙浮雕，而且殿前台阶两侧的围栏也是青石雕刻的巨龙（图 2–57）。这种情况，显然与我国汉族的龙崇拜有关，将佛陀的至尊与龙崇拜融为一体的建筑设计理念，是古印度佛教与汉族文化相融的一个例证。

我国西南地区一些汉传佛教寺院，大雄宝殿建筑吸收了南传佛教寺院的风格，如重庆梁平双桂堂大雄宝殿，为三层楼阁式建筑，屋脊大胆地使用了白色，三层屋檐的四角皆高高翘起，给人以飞动感（图 2–58）。云南晋宁盘龙寺大殿，抱柱盘龙，屋顶白瓦，檐角高翘，融合了汉寺与缅寺两种风格。

图 2–58 重庆梁平双桂堂大雄宝殿

还有的大雄宝殿不是一座单独建筑，如宁夏中卫高庙保安寺，主殿三层，第一层是大雄宝殿，第二层是西方三圣殿，第三层是五方佛殿。香港妙法寺

图 2–59 香港妙法寺在三楼的大雄宝殿

为一座三层楼房，一楼为天王殿，二楼为法堂，三楼为大雄宝殿（图 2-59）。类似情况在中国台湾地区的一些寺院也多见。

（2）大雄宝殿的殿内布置

大雄宝殿内一般分前后两部分：前半部分比较空敞，是寺院僧人礼佛诵经的地方；后半部分是供奉佛像的地方。佛像供奉在高大的佛坛上，佛坛下部是台座，称金刚座，又因象征佛教中的须弥山，所以也称“须弥座”。须弥座正中，是饰有莲花图案的宝座（莲花座），寺院主尊的佛像就供奉在莲花座上（图 2-60）。

图 2-60 供奉在莲花座上的佛像

大雄宝殿里供奉佛像的数量，有一、三、五、七尊四种，选择哪一种，是由该寺主尊（也称本尊）决定的，其中以供奉三尊的最为常见。

供三尊佛像的，通常是指“三身佛”或“三世佛”（图 2-61）。三身佛是佛教天台宗的说法，是指佛陀释迦牟尼的三种不同的佛身，当中的一尊为“法身佛”毗卢遮那佛，左侧一尊为“报身佛”卢舍那佛，右侧一尊为“应身佛”释迦牟尼佛。

图 2-61 北京大觉寺大雄宝殿供奉的三世佛像

三世佛则有“竖三世”和“横三世”之分。竖三世是代表过去、现在、未来三个不同时间的佛——居中的是释迦牟尼佛，为现在佛；左边是燃灯佛，为过去佛；右边是弥勒佛，为未来佛。横三世是代表中、东、西三个不同世界的佛——居中的是娑婆世界的释迦牟尼佛；左边是东方净琉璃世界的药师佛，药师佛一般左手持钵，右手持药丸；右边是西方净土极乐世界的阿弥陀佛，阿弥陀佛掌中有莲台。

供奉一尊佛像的，一般是佛陀释迦牟尼。有的在佛陀两侧配置“胁侍”（即佛陀近身侍从）。胁侍一般为释迦牟尼的两个弟子迦叶（相貌较年老者）和阿难（相貌较年轻者），也有用两位菩萨做胁侍的（图 2–62）。

图 2–62　释迦牟尼佛像两旁侍立的迦叶、阿难像

供奉五尊佛像的，多见于宋辽古刹，如山西大同华严寺、福建泉州开元寺等。五尊佛通称东西南北中五方佛，又叫五智如来。安排次序为：正中为法身佛，即毗卢遮那佛；左手第一位是南方宝生佛，第二位是东方阿閦佛；右手第一位是西方阿弥陀佛，第二位是北方不空成就佛。

供奉七尊佛像的较少，主佛是释迦牟尼佛，另外还有毗婆尸佛、尸弃佛、毗舍婆佛、拘留孙佛、拘那含佛、迦叶佛。

不同宗派的寺院，大雄宝殿里供奉的本尊佛像也是有区别的。如禅宗寺院供奉“东方三圣”——居中为药师佛，左为日光菩萨，右为月光菩萨；净土宗寺院供奉“西方三圣”——居中为阿弥陀佛，左为观世音菩萨（宝冠上饰有化佛），右为大势至菩萨（宝冠上饰有宝瓶）（图2-63）；天台宗寺院供奉“法华三圣”——居中为释迦牟尼佛，左为文殊菩萨，右为弥勒菩萨；华严宗寺院供奉“华严三圣”——居中为释迦牟尼佛，左为文殊菩萨，右为普贤菩萨。

图2-63 “西方三圣”像

礼拜佛像时要特别注意佛像手部的姿势（即手印），常见的佛像手印有以下几种：

一是施无畏印——右手五指伸开，掌心向外，举与肩齐，表示能施与众生安乐无畏（图2-64）。

图2-64 手印为施无畏式的佛像

二是说法印——双手屈于当胸，左手掌向内，拇指与中指相抵，右手掌向外，拇指和食指相抵，作绕左手之态。这是佛对众生说法时的手印。

三是施愿印——也叫与愿印，右手掌伸开，五指下垂，掌心向外，表示令众生心愿圆满。

四是禅定印——双手相叠，左手在下，右手在上，两手拇指微屈轻抵（图2-65）。

图2-65 手印为禅定式的佛像

五是触地印——又称降魔印，右手在膝前伸指下垂，手背向外，手指触地。

图 2–66　北京雍和宫万福阁的独木大佛像

图 2–67　浙江杭州灵隐寺大雄宝殿供奉的释迦牟尼佛像

以上只是几种基本手印，另外还有吉祥印、弥陀定印和智印等。

佛像的制作，一般有泥塑、木雕、铜铸、玉雕几种。木雕佛像又分独木雕和拼块雕两种。北京雍和宫万福阁的大佛像，就是用一棵白檀树的主干雕成的，通高 26 米，地上部分 18 米（地下埋 8 米），直径 8 米，重达 100 余吨，是我国最大的独木大佛（图 2–66）。

浙江杭州灵隐寺大雄宝殿供奉的释迦牟尼佛像，净高 9.1 米，加上底座和佛光顶盘，高达 19.6 米，由 24 块香樟木雕成，形象生动逼真，被称为释迦牟尼佛标准造像（图 2–67）。

佛像的制作还有一种特殊工艺，即“干漆夹苎法”。在制作时，先雕刻好能分能合的木质佛像模型，拼成一个整体，在外面缠上苎麻布，之后涂上一层由生漆、铁砂调合成的涂料，然后再缠苎麻布、再涂漆，如此重复 9 ～ 13 次。干漆成型后，再将里面的模块一块一块抽出来，然后将外表刮净磨光，或加彩绘，或贴金箔，最后才算制成。这种佛像防潮、防腐、防白蚁，比较适合云雾浓、湿度大的南方地区，如安徽九华山的佛像，许多就是用干漆夹苎法制作的。

大雄宝殿内左右两侧，一般供罗汉像。罗汉是佛陀释迦牟尼的弟子，据佛经记载，罗汉受释迦牟尼的嘱托，不入涅槃，常住人间，以守护佛法。起初是四大罗汉，后演化为十六罗汉、十八罗汉、五百罗汉。大雄宝殿内一般供十八罗汉，也有供十六罗汉的，如山东青岛湛山寺。而山东济南灵岩寺大殿则供了四十尊泥塑罗汉，大多为宋代所塑，少数是明代塑造的，真人般大小，刻画细致，连人物的血脉、筋骨也清晰可见。而且罗汉的形态、表情也极为丰富，或端坐，或拄杖，或合掌，或口讲手指，或侧耳倾听，有的和善，有的愠怒，有的勇猛，有的闭目沉思，有的俯首低吟，个个生动传神，被誉为“海内第一名塑”（图2–68）。

图 2–68 山东济南灵岩寺的宋代泥塑四十罗汉之一

许多大殿的东西两面墙上，还绘有壁画（图 2–69）。

主尊佛像的背面，一般是一组海岛观音塑像（图 2–70）。有的仅供奉一位菩萨像，多为观音菩萨，个别寺院则供奉文殊

图 2–69 北京法海寺大雄宝殿的壁画

图 2–70 河南开封大相国寺大雄宝殿佛像后面的海岛观音

菩萨。

下面，我们以安徽九华山祇园寺为例，来看一看汉传佛教寺院大雄宝殿内部比较典型的布置：

大殿正中，面南是“横三世”佛像，中间为释迦牟尼佛，东侧为药师佛，西侧为阿弥陀佛；佛像的背后，绘有状如火焰的佛光，置有闪闪发亮的明镜（图 2–71）。座下是莲花座，前置青花瓷瓶、镶金烛台，供桌为铁色岩石雕成，刻有莲花、莲叶、水纹等，装饰华美，上有香炉、五供。供桌旁有约 400 斤的大铜磬，大殿的东南、

图 2–71 安徽九华山祇园寺大雄宝殿供奉的“横三世”佛像

西南两角，置大钟、大鼓；大殿顶部，悬有长明灯。大殿东西两侧，供十八罗汉像，一侧九尊，遥相对应。“横三世”佛像的背后，是一组群像，塑的是起伏的山峦和涌波的大海，上有各种人物和动物，居中赤脚立于鳌鱼头上的是观音菩萨，左右为龙女、善财，

上方有持金刚杵的韦驮、手托宝塔的李靖等，其他高不盈尺的小佛像有上百个。整个大殿既富丽堂皇，又庄严肃穆。

（3）其他

大雄宝殿前面的庭院，一般有左右两厢房，即配殿（关于配殿，下面另作介绍）。对面天王殿后门内塑有韦驮菩萨像的，通常会在两殿之间的轴线上设置一个铜铸（或铁铸）的宝鼎；另外，还有的在殿门前（或台阶前）置双狮，在庭院中竖立各种碑刻（图 2–72）；等等。

图 2–72　河北正定隆兴寺大雄宝殿前立的巨碑

大雄宝殿的匾额，多为横书“大雄宝殿”四字，悬于门楣或重檐之间。大雄宝殿的匾额比山门和天王殿的匾额要大得多，比如江苏常州天宁寺大雄宝殿的匾额，每个字 1.7 米见方，与恢宏的大殿十分协调（图 2–73）。

图 2–73　江苏常州天宁寺大雄宝殿巨匾

有的寺院则在重檐之间分悬“大雄宝殿”四个大字，四个字等距离分开，如陕西西安大兴善寺（图 2–74）、广东广州六榕寺、上海玉佛寺等就是这样。有的则将四个字分为左右两组，一边两个字，如江苏苏州西园寺、内蒙古包头妙法寺等。

图 2–74　陕西西安大兴善寺大雄宝殿匾额

有的寺院匾额上不书“大雄宝殿”四个字，而是为该殿另起的名字，如浙江普陀山普济禅寺大殿名“圆通宝殿”、山西太原崇善寺大殿名“大悲殿”、河北赵县柏林禅寺大殿名“普光明殿”等。

图 2-75　北京潭柘寺大雄宝殿的悬匾

还有的大雄宝殿不止悬一个匾额，单檐有的并列悬三个，重檐有的悬两个（上一下一），有的悬四个（上一下三），有的甚至多达六个（上三下三）。如北京潭柘寺大雄宝殿，两檐之间悬竖匾“大雄宝殿”，门楣悬横匾“福海珠轮”（图 2-75）。

有的大殿的匾额还是皇帝御赐的，如北京柏林寺的“万古柏林”横匾、浙江普陀山法雨寺的“天华法雨”匾额皆为康熙皇帝所赐，北京法源寺大雄宝殿“法海真源”匾额为乾隆皇帝御笔。

大雄宝殿也是寺院中楹联最集中的地方，许多寺院的大雄宝殿，不仅外柱悬联，殿内楹柱上更是对联林立，有的楹柱的前、左、右三面都挂着对联。大雄宝殿的对联，多是以弘扬佛教教义

图 2-76　山东青岛法海寺大雄宝殿对联

为主要内容（图 2–76）。

总之，佛教寺院大雄宝殿的整体风格可以用一句话概括：雍容而大度，典雅而严谨，庄重而亲切。如果把寺院建筑比作一组交响乐曲的话，那么，大雄宝殿就是这组乐曲的最高潮。

5. 藏经楼

藏经楼，顾名思义，就是收藏佛经的地方，有的寺院也叫藏经阁（图 2–77、图 2–78）。其实在我国古代建筑中，“楼”与“阁”虽然都是指二层以上的多层房屋建筑，但二者是有区别的。从外观上看，楼是不设室外平台的，而阁自第二层起，每层都有平台，一般平台都有护栏。不过，许多佛寺藏经楼并不严格区别“楼”与“阁”的概念，许多无室外平台的也称藏经阁。

藏经楼大多在寺院中轴线的后部（或在大雄宝殿之后），少数也有因地形限制等原因偏离中轴线的，如山东济南千佛山兴国禅寺的藏经楼就在大雄宝殿一侧的山崖上（图 2–79）。还有的寺院藏经楼十分特殊，如江苏无锡祥符禅寺的藏经楼在灵

图 2–77 河南开封大相国寺藏经楼

图 2–78 广东韶关南华寺藏经阁

图 2–79 山东济南千佛山兴国禅寺藏经楼

图 2-80 高达三层的浙江杭州灵隐寺藏经楼

山大佛须弥座下的大平台内。

藏经楼多为二层，少数为三层或一层（图2-80）。屋顶形式和大雄宝殿一样，有许多种。不过，与大雄宝殿相比，藏经楼多使用“两注”式屋顶，即仅前后两面出檐，两侧山墙为硬山。另外，重檐的也比较少，多为单檐。屋顶覆琉璃瓦或一般筒瓦。

藏经楼有月台的不多，基座也不如大雄宝殿高大，但由于它是二层以上建筑，所以往往立面要比大雄宝殿还高。不过，从气势上来说，藏经楼是压不住大雄宝殿的。

藏经楼的内部，下层多放置各种佛像（有的叫“千佛阁”），上层存放佛教经典（主要是《大藏经》），如北京广济寺藏经楼就藏有 12 个版本的《大藏经》和其他佛教经典 17 万部；北京广化寺藏有《大藏经》4 部。许多寺院的藏经楼，不仅存放佛经，还收藏了大量珍贵文物，如皇帝所赐金印、宝鼎、名贵瓷器、名家字画等。山西五台山大显通寺藏经楼藏有一幅华严经字塔（此图原属碧山寺），远望像是工笔画的七级高塔，塔身还有楼阁佛像，塔边饰以花卉，塔的飞檐上还吊有风铃。其实，构成这幅画的线条是一部完整的《华严经》经文，计 600043 个字，连佛像的眉毛、吊铃的细练，都是工整的蝇头小楷。江苏南通广教寺藏经楼藏有一部《历代名画观音像》，内有自唐代吴道子到近代梅兰芳等人画的 150 多幅观音像，堪称精品。

藏经楼一般都悬对联，对联内容多为赞颂佛教教义、弘扬佛法。楼前庭院两侧一般有配殿，庭院当中，有的置有宝鼎。

6. 无量殿

无量殿是寺院最特殊的一种单体建筑。其特殊之处，就是殿顶不使用屋梁。由于“无梁”与佛教教义“佛法无量”中的“无量”谐音，所以称之为无量殿。

无量殿是砖石结构建筑，一般为石基砖砌，墙体与屋顶一气呵成，没有梁檩等部件。无量殿的殿顶为半圆形穹隆顶，由于墙体一般较厚，所以内部冬暖夏凉。这种建筑，要求设计、施工都十分精密。江苏南京灵谷寺的无量殿，建于明洪武十四年（1381），至今已 600 多年历史，是我国现存最早、规模最大的无量殿（图 2–81）。殿高 22 米，宽 53.8 米，纵深 37.85 米，全部用长方形大砖砌成，拱圆殿顶，仿木结构，十分雄伟、庄严、稳重。殿顶为重檐九脊，上盖灰黑色筒瓦，正脊上竖有 3 个小喇嘛塔。殿内是砖砌的券洞穹隆，五间三进，每间一券，侧面三进各为一纵列式大筒券，中间一券最大，宽 11 米，高 14 米，左右两券较小，宽 5 米，高 7 米。东、西山墙内壁上端的砖垛向里叠砌，层层挑出飞檐翘角，达 1 米之多，令人叫绝。

图 2–81　江苏南京灵谷寺无量殿

我国比较著名的无量殿还有山西五台山大显通寺无量殿、四川峨眉山万年寺无量殿、江苏宝华山隆昌寺无量殿等（图 2–82、图 2–83）。

图 2–82　山西五台山大显通寺无量殿

图 2–83　四川峨眉山万年寺无量殿

无量殿内部的布置，各寺不同，下面以四川峨眉山万年寺为例：万年寺无量殿内部，四壁布满了佛龛，龛内供奉各式铜、铁佛像。殿顶彩绘四飞天，四隅还绘有狮、象等瑞兽。殿内正

图 2-84 四川峨眉山万年寺无量殿内的普贤菩萨铜像

中和四角皆有白塔，正中的较大，四角的较小。殿内正中有一尊高 7.35 米、重 62.1 吨的普贤菩萨铜像。普贤菩萨坐在六牙白象背上的莲花宝座上，双眉清秀弯曲，两眼含神平视，鼻小口端，腮部丰满，两耳佩环，颈戴项圈，胸垂珠饰。上身垂直端坐，身着披肩，环系彩带。整体形象雍容华贵，典雅端庄。这尊铜像体量巨大，造型优美，比例匀称，工艺精湛，堪称国宝（图 2-84）。

无量殿并不是所有寺院都建有的，虽然有无量殿的寺院是少数，但是由于这种建筑比较奇特，所以一般都是该寺院建筑中引人注目的“亮点”。

7. 其他殿堂

韦驮殿 供奉韦驮菩萨的殿堂。一般寺院都在天王殿里供韦驮菩萨（置于弥勒佛像背后），也有一些寺院单独建有韦驮殿，如北京法源寺（图 2-85）、天津蓟州区独乐寺。天津蓟州区独乐寺，于观音阁北面（寺院最里面）单设韦驮亭，高约 5 米，采用的是八角攒尖顶式造型，里面所供的韦驮菩萨像高约 3 米，身着铠甲，双手合十，怀抱金刚杵，十分威猛刚毅。

图 2-85 北京法源寺韦驮殿

观音殿 供奉观音菩萨的宝殿，一般在大雄宝殿的后面，也有的在配殿。天津蓟州区独乐寺的观音阁，是我国现存年代最早的木结构楼阁，也是我国现存双层楼阁建筑中最高的一座，高达23米。中间腰檐和平坐栏杆环绕，上为单檐歇山顶，飞檐深远，美丽壮观。观音阁现保存名匾三方，分别为唐代诗人李白题写的“观音之阁”、清代乾隆皇帝题写的“普门香界”以及咸丰皇帝题写的“具足圆成”（图2–86）。

图2–86 天津蓟州区独乐寺观音阁

天津蓟州区独乐寺观音阁的外观为二层楼阁，内部空间却有三层，供奉着一尊高达16米的十一面观音，是我国最大的彩色泥塑佛像之一（图2–87）。阁内以观音塑像为中心，四周列柱两排，柱上置斗拱，斗拱上架梁枋，其上再立木柱、斗拱和梁枋，将内部分成三层，上下贯通，容纳像身。整个内部空间都和佛像紧密结合在一起，人们可以从不同的高度瞻仰佛容。梁柱接杆部位因位置和功能的不同，共使用了24种斗拱，显示出辽代木结构建筑技术的高度。观音像立于须弥座上，头部直抵三层的楼顶，面容丰润、慈祥，仪态端庄，躯干微微前倾，似动非动。塑像虽制作于辽代，但其艺术风格类似盛唐时期的作品。观音像两侧，各有一尊辽代的胁侍菩萨像，造型匀称，姿态优美。观音阁四壁绘有十六罗汉、三头六臂或四臂的明王等壁画，为明代画师所作，至今保存完好，画面清楚，色泽鲜明。

图 2-87 天津蓟州区独乐寺观音阁内高大的观音像

河北承德普宁寺大乘阁，位于大雄宝殿之后，供奉的是千手千眼观音。大乘阁仿桑耶寺乌策殿建造，正面外观为六檐五层，底层进深七间，东西设抱厦，上置腰檐，中央三间设隔扇门，两边四间设槛窗；二层正面为重檐，上檐回转四周，下檐两侧封以实墙，墙上开梯窗两排，两尽间减半；三层向内收成五间，两头尽间内收一半，设槛窗；四层面阔收成五间，进深三间，四角每间覆以方形黄琉璃瓦攒尖屋顶，上置四个铜质镏金宝顶；第五层面阔收成三间，尽间减半，覆以大型攒尖屋顶，上置大型镏金宝顶，与下层四顶构成拱卫之势。这种屋顶组合手法反映了汉式木结构屋顶多变的特点，既不同于伽蓝七堂，又不同于乌策殿，是我国殿阁建筑中的一大创造。

图 2-88 河北承德普宁寺大乘阁的千手千眼观音菩萨像

大乘阁内部空间为三层，正中矗立着一尊千手千眼观音像，周边树立两圈通柱形成三层垂直框架，上下贯通。观音像为全木结构，高 22.28 米，腰围 15 米，重达 110 吨，使用了松、柏、榆、椴、杉 5 种木材，达 120 立方米，是世界最大的木雕像。观音造型为正身双手合十，左右各有臂手 20

只，每只手心有眼1只，象征千手千眼，手中持刀、枪、箭、戟、轮、螺、伞、盖、花、罐、鱼、肠、日、月、铃、杵、哈达等法器。整个雕像依照人体结构塑造，比例匀称，形象生动，衣纹花饰雕工精细，不愧是我国佛教造像珍宝（图2–88）。

伽蓝殿　供奉伽蓝神的佛殿，一般在大雄宝殿的东侧（图2–89）。伽蓝是“僧伽蓝摩”的简称，意为“僧园”，伽蓝神即守卫、保护寺院的神。据说释迦牟尼成道后，给孤独长者用金钱购置波斯匿王太子祇陀的花园，修建了“祇园精舍”，作为释迦牟尼在舍卫城居住说法的场所。所以伽蓝殿一般正中塑波斯匿王，左塑祇陀太子，右塑给孤独长者，以纪念这三位最早护持佛法、建立伽蓝的善士。殿内两侧还有供美音、梵音、天鼓、遍观等十八位伽蓝神的，他们也是寺院的守护神。禅宗寺院是以本山土地为守护神，故谓伽蓝堂又为“土地堂”。后来，中国佛教界常以关公为伽蓝神。相传关羽曾显灵于隋代天台宗创始者智顗（即智者大师）面前，被其度化，遂求授五戒，成为正式的佛门弟子，并且誓愿作为佛教的护法。所以有的寺院塑关公像作为伽蓝菩萨，以守护寺院（图2–90）。

图2–89　广东潮州开元寺伽蓝殿

图 2-90　山东青岛法海寺供奉的伽蓝菩萨（关公）像

祖师殿　供奉该寺院所属宗派创始人的佛殿，一般在大雄宝殿的西侧（图 2-91）。如禅宗寺院，祖师殿正中供禅宗初祖达摩，左侧为六祖慧能或马祖道一禅师，右侧为百丈怀海禅师。

图 2-91　北京天宁寺祖师殿

图 2–92 浙江杭州灵隐寺药师殿

图 2–93 山西五台山碧山寺戒坛殿

药师殿 供奉药师佛的宝殿。药师佛是佛教中东方净琉璃世界的教主，曾发十二大愿，医治众生病苦，为其消灾延寿。殿内正中是药师佛像，左右为日光菩萨、月光菩萨。药师殿一般在大雄宝殿西侧或后面（图 2–92）。大雄宝殿里供奉“东方三圣”的寺院，就不单独设药师殿了。

戒坛殿 僧人出家时受戒的地方，殿内有戒台，一般为石砌。我国最著名的有三大戒坛：北京戒台寺、福建泉州开元寺、浙江杭州昭庆寺。戒坛殿一般在寺院后部，多在西北角（图 2–93）。

罗汉堂 专门供奉罗汉的殿堂。有的寺院在大雄宝殿的两侧供奉罗汉，有的则专门建有罗汉堂以供奉罗汉。著名的罗汉堂有北京碧云寺罗汉堂、云南昆明筇竹寺罗汉堂（图 2–94）、四川成都宝光寺罗汉堂、湖北武汉归元寺罗汉堂、广东广州华林寺罗汉堂等。罗汉堂一般在寺院后部或左侧。河南开封大相国寺的五百

图 2–94 云南昆明筇竹寺罗汉堂里的罗汉群塑

图 2–95 河南开封大相国寺五百罗汉殿

罗汉殿位于中轴线上的中后部，因是独特的八角造型，又俗称“八角琉璃殿”（图 2–95）。该殿自内而外由中心亭、天井院与游廊殿三部分组成，中央高高耸起，四周游廊附围。中心八角亭中供奉一尊四面千手千眼观音菩萨像，相传为一整株银杏树雕成，全身贴金，是大相国寺的镇寺之宝。外围游廊分上下两层塑有五百罗汉金身像。

讲经堂、法堂 僧众集会听讲佛法的殿堂。这既是该寺住持、本寺尊宿或礼请来寺的高僧演说佛法的地方，也是该寺举行重大仪式的地方，如方丈升座、传戒期间设戒坛等。堂内设一高台，上有法座（亦称狮子座），座后板屏上绘有“狮子吼”图案（因佛教常把说法喻为狮子吼），台下设香案，供置香花，两侧列置听法席位。讲经堂有的又称“雨花堂”，取法师讲经似天上落花如雨之义（图 2–96）。法堂多在寺院后部或左侧。

图 2–96　北京灵光寺讲堂

禅堂 禅宗寺院特有的建筑，为僧众习佛坐禅之处。堂内供奉作禅定印的释迦牟尼佛像。禅堂一般在寺院的左侧（图 2–97、图 2–98）。

图 2-97　北京法源寺禅堂（上挂“游客止步”小木牌）

图 2-98　山东济南千佛山兴国禅寺禅堂

还有一些其他名称的殿堂，是各寺院根据本寺主尊或其他原因确定的，这里就不一一列举了。

8. 寺院管理和生活区的建筑

寺院管理和生活区的建筑，一般在寺院的最后面，或者中轴线的两侧，都是普通民居式建筑，数量多少因寺院规模而不等。一般都有：

方丈室 也称方丈寮，是寺院住持居住和办公的地方。“方丈”本是指一丈见方面积的地方。住持是一寺之主僧，总持寺院事务。由于住持住的地方叫方丈，所以有的也把规格或地位较高的寺院住持称为“方丈”了。方丈室多在寺院后部或左侧(图2–99)。

图2–99 北京潭柘寺方丈室

斋堂 也称香积厨、五观堂，是寺院僧人用餐的地方，多在寺院后部或右侧（图2–100）。

图2–100 浙江普陀山法雨寺五观堂

僧寮 寺院僧人居住的地方，多在寺院后部或右侧（图2–101）。

如意寮 患病僧人疗养的地方。

云水堂 又称众寮，是外地游方僧人到本寺挂单时暂时居住的场所。只有十方丛林才设云水堂，专门接待四方僧侣云游参学。住在云水堂是没有时间限制的，少

图2–101 福建泉州少林寺的僧寮

则几天，多则数年，甚至可以无限期地留住。

还有客堂（图 2–102）、库房、浴堂、西净（厕所）等，此处不再一一列举。

图 2–102　北京灵光寺的客堂

9. 佛塔

（1）佛塔的起源

佛塔是佛教最原始的建筑。早在佛教创始之初，是没有寺庙的，只有释迦牟尼的信徒献给他的两处“精舍”。释迦牟尼圆寂之后，弟子们将佛陀舍利拿到各地安葬供奉，把舍利埋入地下，上面堆起一座圆形土堆，梵文称为“Stūpa”（窣堵波），本意是“高显”和“坟”，译成中文称“塔婆”，后简称为塔。佛教传入中国之前，我国古代建筑中虽然很早就有了多层建筑（如汉代的“重楼”），但没有塔。佛教传入中土之后，佛塔也随之传入。不过，我国佛塔真正葬有佛陀舍利的极少，大多所葬为高僧舍利或骨灰。

最初印度佛塔的形状确实像一座坟，下面是一个台座，上面是倒扣的半圆形的塔身，塔身上面立有“刹”，刹上串着相轮等饰物（图 2–103）。

图 2–103　印度桑奇佛塔

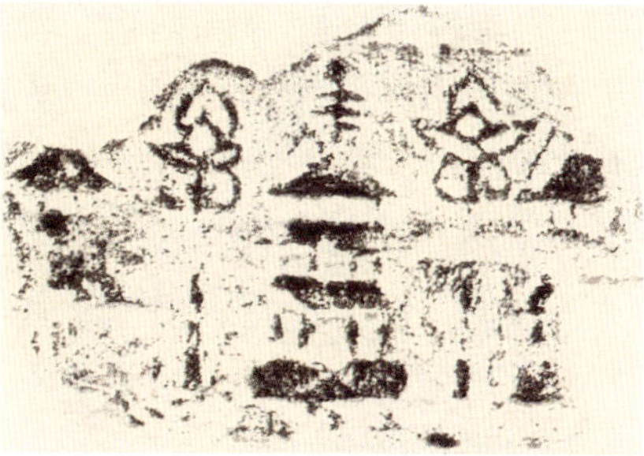

图 2-104 东汉时期的佛塔画像砖拓片

塔传入中国之后，吸收了我国建筑的特点，形状发生了变化，除了少数演变成覆钵式以外，多数塔建成了楼阁式。因为，在佛教传入中国之前的秦汉时期，为迎接“仙人”修建的建筑都是重楼式样，楼在当时被看作是最高贵的建筑形式（图 2-104）。所以，人们出于对佛陀的敬重，把塔也建成了这种最高贵的建筑形式。当然，更重要的还是民族审美心理的作用，塔的形状之所以在中国得到改造，是与我国汉民族以崇高为美、以和谐为美、以规整为美的审美心理分不开的。所以，我们常见的楼阁式塔，形体高大、层次分明、庄重华美、挺拔稳健，具有典型的中国特色。

寺院佛塔的位置一般有以下几种：一是在寺院正中，这是我国早期寺院布局的特点，如北魏时期河南洛阳的永宁寺，其中心就是一座木结构的楼阁式塔，此外，山西应县佛宫寺的释迦塔、四川新都宝光寺舍利宝塔都属于此例。二是在寺院中轴线的后半部分，如陕西西安大慈恩寺大雁塔。三是在寺院两侧，如山东济

图 2-105 山东济南灵岩寺辟支塔

图 2-106 江苏扬州大明寺栖灵塔

南灵岩寺辟支塔在寺院西边，江苏扬州大明寺栖灵塔在寺院的东边（图 2–105、图 2–106）。四是在远离寺院的地方另建塔院，如建在自然条件较好的山头上等。

（2）佛塔的结构

佛塔一般分地宫、塔基、塔身、塔刹四个部分。

地宫多为方形、六边形、八边形或圆形，砖石砌成，它是仿古代帝王的地下陵寝建造的，是安置佛舍利的地方。不是所有的佛塔都有地宫，许多佛塔的舍利（或骨灰）是安置在塔身里面的。地宫里的佛舍利，一般是安置在一个小型镏金塔里面，供奉在显著位置（图 2–107）。

图 2–107　山东汶上宝相寺塔中供奉佛牙舍利的小镏金塔

另外，地宫里还存放有许多珍贵文物，地宫的墙壁上有的还绘着壁画。我国 1956 年发掘江苏南京弘觉寺塔地宫、1987 年发掘陕西扶风法门寺塔地宫、2001 年发掘浙江杭州雷峰塔地宫时，都发现了珍贵的佛舍利和大量文物。为了保护历史文化遗产，佛塔的地宫是不轻易发掘的，只有在塔遭受重大损坏，必须进行重修时，才发掘地宫。轰动世界的陕西扶风法门寺地宫考古新发现，就是该塔在 1981 年严重坍塌后，经国家有关部门批准重修，才进行抢救性发掘（图 2–108）。

图 2–108　陕西扶风法门寺塔

塔基是整个塔的基础部分，多为石砌、砖砌，有正方形、六边形、八边形等。早期的佛塔，塔基比较矮，自唐代以后，塔基渐趋高大。至元代出现覆钵式喇嘛塔时，塔基部分的高度，一般都占全塔的三分之一左右了（图 2-109）。

图 2-109　北京西黄寺金刚宝座塔的塔基（局部）

塔身是佛塔的主体部分，有空心和实心两种。空心塔的内部构造比较复杂，一般有塔心柱，为砖石砌或木制；有登塔阶梯，多环绕塔心柱而建（图 2-110）。塔身里面一般均有佛龛，佛龛里供

图 2-110　河南登封嵩岳塔的内壁

奉有佛像。佛龛不仅起渲染宗教感染力的作用，也有装饰作用。有的佛塔塔身每层都设佛龛。

塔身立面的层数，都是奇数，以五层、七层为多见。塔身的平面，边数都是偶数，以四方形、六边形、八边形为多见。

塔刹是塔顶部的装饰性建筑，有的本身就像一个小塔。塔刹也分为刹座、刹身、刹顶三部分。刹座由基座、覆莲、仰莲等组成；刹身由刹杆、相轮、伞盖等组成；刹顶由圆光、仰月、金瓶、宝珠等组成。塔刹直冲蓝天，部件华美，不仅对佛塔起装饰作用，还彰显了对佛陀的尊仰，是全塔不可或缺的部分（图 2–111、图 2–112）。

图 2–111　北京天宁寺塔的塔刹

图 2–112　江苏南京灵谷寺塔的塔刹

（3）佛塔的分类

塔有多种分类方法，我国古建筑研究权威的分法各有不同。如梁思成先生将之分为五种，即单层塔、重楼式塔、密檐塔、瓶形塔、台座上的塔群（参见梁思成《拙匠随笔》，百花文艺出版社 2005 年版）。罗哲文先生分为九种，即阁楼式塔、密檐式塔、亭阁式塔、花塔、覆钵式塔、金刚宝座式塔、过街塔、宝箧印经塔、其他塔（参见罗哲文《中国古塔》，中国青年出版社 1985 年版）。乐嘉藻先生分得更为细致，他把佛塔按照平面、纵面、檐式、内部结构四个方面分为十五类（参见乐嘉藻《中国建筑史》，商务印书馆1937年版）。几位先生的分类方法各有侧重，这里，我们不从一家之说，而是综合几位先生的意见，将佛塔分为六类作简要介绍：

①单层式：大多为砖石结构，塔身分四方形、六角形、八角形或圆形亭阁状，塔顶为方锥形或圆形，四周出檐，从立面看，像是加了墙的亭子。单层式塔造型比较简单，却又不失浑厚、端庄之美。山东济南神通寺四门塔就是典型的单层塔。四门塔建于隋大业七年（611），是我国国内现存最早的石塔。塔高15米，平面为四方形，每边长7.4米，全部用当地出产的大青石砌成。塔身四面各开一个拱门，无窗。塔檐用石块叠涩挑出五层，上为四角攒尖形锥状屋顶，最上面置石刻塔刹。塔刹由须弥座、蕉叶、覆钵、五重相轮及宝珠构成，造型丰富、美观，给全塔简洁而质朴的风格增添了一些趣味。塔内顶端有十六根三角形石梁承托塔顶，当中是方形石砌塔心柱，石柱四面迎门各置一尊石雕佛像，高约1.4米，东面为阿閦佛，南面为宝生佛，西面为无量寿佛，北面为不空成就佛。四门塔虽不高大雄伟，但形制古朴，风格独特，是我国古代建筑的瑰宝（图2-113）。

图2-113 国内现存最早的石塔——山东济南神通寺四门塔

图 2-114　山西平顺海慧院明惠大师塔线绘图

图 2-115　江苏苏州寒山寺塔

山西平顺海慧院明惠大师塔也是石造单层方形塔，建于唐乾符四年（877）。塔高 6.5 米，边长 2.21 米，塔的基座、塔身与塔刹三部分几乎等高，但由于外观造型与雕刻装饰繁简的不同处理，使塔的整体比例匀称，轮廓秀美，造型端庄。方形塔基上为束腰须弥座，上下三层叠涩，束腰部分每面雕刻四个弧门，门内雕石狮，十六个狮子或蹲卧，或静立，或跳跃，形态各异，生动活泼。塔身中空，南面正中开一拱门，两侧各雕刻一尊金刚力士像，身着盔甲，足蹬飞云，手执宝剑和金刚杵，气势威猛。门顶雕刻乐伎飞天及卷草纹、宝相花、化生童子等人物花卉图案，精致流畅，庄重美观。塔身上面覆以石雕屋顶，四注式塔檐向外挑出。塔顶高耸，由下而上分为四层，逐层收缩，每层均由束腰、山花、蕉叶和覆钵构成，顶端以锥形宝珠收刹。该塔为石造仿木结构建筑，造型优美，雕工精细雅致，完好无损，是研究唐代建筑技术和雕刻艺术的珍贵实物资料（图 2-114）。

②楼阁式：楼阁式塔，是在我国分布地域最广、数量最多、建筑技术含量最高、外观最为华美的一种塔。

楼阁式塔的基本特点：形体高大，每层间距较大，塔身外观像是层层叠起的楼阁，自下而上逐渐收缩，由宽变窄（少数也有直筒形的），每层都有飞檐翘角，有平座门窗。塔刹高大华美，尖顶直冲云天。各层自下而上的收缩形式有两种：一是立锥形，即每一层外墙都按一定斜度自下而上收缩，如河北正定开元寺塔、山西洪洞广胜寺塔就是这种形式。另一种是阶梯式，即每一层的外墙是垂直的，只是自下而上每层的面积按一定比例收缩，这种形式比较多见，如陕西西安大慈恩寺大雁塔、江苏南京灵谷寺灵谷塔、广东广州六榕寺塔、江苏苏州寒山寺塔（图 2–115）等。

楼阁式塔的内部，多为空心，有阶梯、隔板，可供人攀登，墙壁上有的还有许多佛龛。

楼阁式塔的建筑材料，早期主要是木材。由于木材质本身的原因，天长日久，大多已倒塌或被焚毁。现在我国硕果仅存的早期大型木塔是山西应县佛宫寺释迦塔（俗称“应县木塔”）。应县木塔建于辽清宁二年（1056），至今已有 960 多年历史。塔高 67.31 米，底层平面为八角形，直径 30.27 米。木塔建在一个 4 米高的石基上，外观为五层六檐（底层为重檐），塔内各明层间夹设暗层，实际上是九层（五个明层，四个暗层），内有木楼梯通达各层。二层以上均用斗拱挑出平座，并围以栏杆，门窗整齐，八角高翘，显得稳重而庄严（图 2–116）应县木塔在设计上匠心独运，采用了双层环形套筒空间框架结构，内外两槽立柱，构成双层套筒式结构，柱头间有栏额和普柏枋，柱脚间有地伏等水平构件，内外槽之间有梁枋相连接，使双层套筒紧密结合。暗层中用大量斜撑，结构上起圈梁作用，加强了木塔结构的整体性。全塔没有用一个钉子，全靠构件互相榫卯咬合。全塔共使用 54 种不同

图 2–116 山西应县佛宫寺释迦塔

形式的斗拱，种类之多，世所罕见，被誉为“斗拱博物馆”。塔内各明层都有塑像，共计 26 尊，其中一层回廊内佛坛上立有一座高约 11 米的释迦牟尼金身塑像，甚是神圣、壮观。一层门侧、门额及内壁等处绘有佛、金刚力士、佛弟子等人物壁画，生动传神，反映了辽代雕塑、绘画艺术的水平。

应县木塔近千年来历经多次强地震袭击，仍傲然挺立，具有极强的抗震能力，是我国古代建筑的一个奇迹。

在唐朝佛教兴盛时，塔的建材大多以砖代木，但外形仍保持原来的楼阁形式。这类塔除全部用砖砌筑之外，也有砖木结合的，即以砖筑成塔身，每层屋檐和平座栏杆则是木结构的，这样既能防火，又能更好地保持木楼阁的外貌，例如上海龙华寺塔、江苏苏州报恩寺塔皆属此类。此外，还有石造、铁铸的楼阁式塔。

江苏南京灵谷寺内的灵谷塔，建成于 1935 年，设计者是美国著名建筑师墨菲和中国建筑师董大酉（图 2–117）。塔高 66 米，共九层，为钢筋水泥和苏州花岗石混合结构。塔基为直径 30.4 米的大平台，平面为八角形，外侧围以雕花石栏杆。塔的正面有石阶，石阶正中是一幅长 5.8 米、宽 2.8 米的白色花岗石雕“日照山河图”。塔身每层都覆盖绿色琉璃瓦，飞檐翘角，外有走廊，围以石栏杆，便于游人凭栏赏景。正中塔尖上竖有镀金相轮，金光闪闪，炫人眼目。塔内正中有钢筋水泥螺旋型扶梯，共 252 级台阶，直上九层。此外，塔的内、外壁上刻有许多名家碑文，如蒋介石

图 2–117　江苏南京灵谷寺内的灵谷塔

题写的“精忠报国”以及于右任的草书等。

2002年落成的浙江杭州新雷峰塔，为仿木结构式钢筋水泥建筑，外观恢宏华美，原雷峰塔遗址在塔内保护起来，塔内还设置了电梯等，是用现代建筑理念和建筑材料建造的新型楼阁式塔（图2-118）。

图2-118 浙江杭州新雷峰塔

我国著名的楼阁式砖塔有浙江杭州六和塔、浙江天台山国清寺隋塔、陕西西安大慈恩寺大雁塔、山东济南灵岩寺辟支塔、江苏苏州虎丘塔、宁夏银川海宝塔（图2-119）等；著名的楼阁式石塔有：浙江普陀山普济寺多宝塔、浙江杭州灵隐寺石塔、江苏南京栖霞寺舍利塔、湖北武汉兴福寺塔等。

图2-119 宁夏银川海宝塔

③密檐式：密檐式塔与楼阁式塔一样，也是属于高大型佛塔。其塔身外观为底层十分高大，以上各层高度缩小，层层密檐紧密相连，距离很短，没有明显的楼层，也没有窗、柱等。多为砖石结构，内部多为实心，平面以六边形、八边形为多见（图2-120）。密檐式塔最重要的部位为第一层塔身，大多饰有佛龛、佛像及门、窗、柱、斗拱等浮雕。密檐式塔初见于南北朝，辽、金两朝进入鼎盛时期。我国现存密檐式塔大多在北方，比较著名的有：北京天宁寺塔、北京通州燃灯塔、河北正定临济寺塔、陕西西安荐福寺小雁塔、河南登封嵩岳寺塔、辽宁朝阳云接寺塔等。

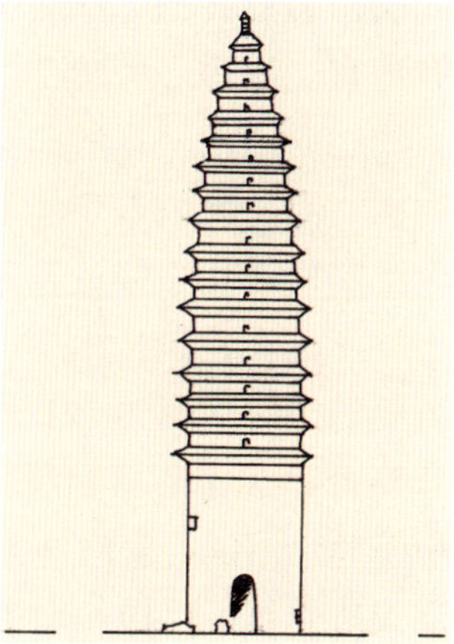
图2-120 密檐式塔造型

图 2-121　河南登封嵩岳寺塔

河南登封嵩岳寺塔，初建于北魏正光四年（523），是我国现存最早的砖塔。塔高约 41 米，底层直径 10.16 米，塔身平面呈十二边形，也是我国唯一一座平面为十二边形的古塔。嵩岳寺塔由基台、塔身、十五层叠涩砖檐和宝刹组成，整个塔室上下贯通，呈圆筒状。塔基随塔身砌作十二边形，台高 0.85 米，宽 1.6 米。塔前砌长方形月台，塔后砌砖铺甬道，与基台同高。该塔底部在低平的基座上起两段塔身，塔身中部砌一周腰檐，将它分为上下两段：下段为素壁，高 3.59 米，上下垂直；上部为全塔最精美的装饰，高 3.73 米。东、西、南、北四面各辟一券门通向塔心室。四正面券门与下段门道相通，券门上有印度式火焰券门楣，其余八面各砌出一座单层方塔形壁龛，各转角处砌壁柱。塔身上为十五层叠涩密檐，檐宽逐层收分，外轮廓呈抛物线造型。其内部则是一个砖砌大空筒，有几层木楼板。塔刹高 4.75 米，自下而上由基座、覆莲、须弥座、仰莲、相轮及宝珠等组成。塔心室作九层内叠涩砖檐，除底平面为十二边形外，余皆为八边形。塔下有地宫。嵩岳寺塔造型优美，全塔高大挺拔、刚劲雄伟，而各层重檐均向内按一定的曲率收缩，又使轮廓线显得柔和丰圆，饱满秀丽。嵩岳寺塔近于圆形的平面，分为上下两段的塔身，都与古印度窣堵波相当接近，是密檐式塔的早期形态。无论在建筑艺术上，还是在建筑技术方面，嵩岳寺塔都在中国建筑史上具有十分重要的地位（图 2-121）。

北京天宁寺塔是我国密檐式塔中比较典型的一座。天宁寺塔位于北京市区广安门外天宁寺内，始建于隋代，为木塔，内置舍利，辽天庆九年（1119）改建为实心砖塔。塔全部由砖造，高 57.8 米，十三层，为京华古塔之冠。塔的下部是须弥座，平面为八角形，上面雕刻有莲花瓣等图案。塔身底层装饰有门窗、云龙与菩萨、金刚力士雕像，上面为密密层檐，自下而上稍微收分，每层密檐都由斗拱挑出，檐下系有风铃，全塔共悬挂风铃 3400 个。塔刹为宝珠顶。该塔造型十分优美，立面塔座、塔身、塔刹各部分比例十分协调，给人以明显的节奏感。著名建筑学家梁思成先生称该塔具有“音律美”，十分形象地概括出该塔的特点（图 2–122、图 2–123）。

图 2–122　北京天宁寺塔

图 2–123　北京天宁寺塔塔身下部雕刻（局部）

④覆钵式：也叫瓶式塔，是藏传佛教的喇嘛塔。由于元世祖忽必烈推崇藏传佛教，所以元代出现了许多在印度佛塔基础上加以改造的喇嘛塔。喇嘛塔主要集中在我国北方地区，以北京、内蒙古、山西等地最为多见。

覆钵式塔的基本特点：全塔

图 2–124　覆钵式塔造型

图 2–125　北京妙应寺大白塔

自下而上依次为高大的须弥座（多为“亚”字形）、覆钵形的金刚圈、坛子形的巨大“塔肚子”、又一层须弥座、圆锥形的“十三天”（相轮）、圆盘形宝盖、宝瓶宝珠（图 2–124）。塔为实心，通体白色，所以人们通常简称为大白塔。我国著名的白塔有北京妙应寺大白塔（图 2–125）、北京北海白塔、山西五台山塔院寺大白塔、山西代县圆果寺白塔、江苏扬州莲性寺白塔、内蒙古呼和浩特席力图召白塔、黑龙江肇源衍福寺白塔等。

图 2–126　山西五台山塔院寺大白塔

山西五台山塔院寺大白塔，是我国最高的覆钵式塔。该塔地上部分高达 56.4 米，地下基础 10 米，塔座周长 83.3 米，是由尼泊尔建筑师阿尼哥在元大德六年（1302）建造的。该塔原址为东汉慈寿塔，建白塔时将原塔砌于腹中了，可谓塔中有塔。塔身自下而上，方圆搭配，粗细相间，造型十分优美。上部为周长 23 米的圆盘形华盖，由八块铜板按八卦形状拼成，圆盘边沿吊装了三十六块铜质垂檐，各垂檐下面吊三个风铃。铜盘上面是 5 米多高的铜顶，从铜顶到铜盘边沿，有铜链相连。总体造型雄浑而富有气势。全塔通体洁白，在青山绿树、红墙殿宇的反衬下，显得格外皎洁夺目（图 2–126）。

⑤金刚宝座式：金刚宝座式塔是佛教密宗派佛塔，是用来尊仰金刚界五方佛的象征性建筑物。大多为明清时期修建，高大华丽。金刚宝座式塔的基本特征：下部为方形一层或多层的巨大台座，高台中空，内有阶梯，人们可沿阶梯攀登到台顶。台顶上筑五座佛塔（少数有七个的）。五个塔的形状，多为方锥形密檐式塔，中央一个塔身较高大，为十三重檐，四角塔略矮，为十一重檐（图 2–127）。在高大的台座上建五塔，一是寓意佛经中记载的须弥山

上有五座佛山，二是以五塔代表五方佛。我国现存的大型金刚宝座式塔不多，比较著名的有：北京真觉寺（后改名为大正觉寺）金刚宝座塔、北京碧云寺金刚宝座塔、北京西黄寺金刚宝座塔、山西五台山圆照寺金刚宝座塔、内蒙古呼和浩特慈灯寺金刚宝座舍利塔、云南昆明妙湛寺金刚宝座塔、甘肃张掖圆通寺金刚宝座塔等。

图 2–127 金刚宝座式塔造型

图 2–128 北京真觉寺金刚宝座塔

北京真觉寺金刚宝座塔，建成于明成化九年（1473）。塔的宝座高 7.7 米，南北长 18.6 米，东西宽 15.7 米，以砖砌成，外表包以石材。宝座的最下层为须弥座，上面为五层成排的佛龛。宝座之上立有五座石造密檐式塔，正中的一座为十三层，高约 8 米，四角小塔每座十一层，高约 7 米。五座塔的顶上均有一小型覆钵式塔刹，中间大塔的为铜制，其他四座的为石质。中塔的正南有一座两层檐的琉璃罩亭，阶梯的出口就在里面，罩亭顶上有一蟠龙藻井，这是皇家寺院的标志（图 2–128）。

内蒙古呼和浩特慈灯寺金刚宝座舍利塔，始建于清雍正五年（1727），落成于雍正十年（1732）。塔高 16.5 米，材料和形制都与北京真觉寺金刚宝座塔相近。台座高大，上有七层绿色的琉璃挑檐，第一层上有蒙文、藏文和梵文三种文字的石刻，从第二层到第七层的檐下布满 1119 尊各种姿态的镏金小佛像，故也被称作“千佛塔”。台座南面开拱门，上有汉白玉石匾额，刻有蒙汉藏文字的“金刚宝座舍利塔”。台座上矗立着五座平面方形的密檐式塔，南边有罩亭。四角的小塔以绿琉璃挑檐，黄琉璃为塔刹，

图 2-129 内蒙古呼和浩特慈灯寺金刚宝座舍利塔

图 2-130 内蒙古呼和浩特慈灯寺金刚宝座舍利塔四角小塔

图 2-131 北京房山区万佛堂花塔

色彩鲜明（图 2-129、图 2-130）。

⑥花式塔：也称花塔，在我国并不多见，其形式是受印度、东南亚佛教的影响，在塔上使用了大量雕饰。花式塔的基本特征：总体分为上、下两部分，下部为单层亭阁式塔身，上部为圆锥形塔冠，塔冠表面满饰各种精细的浮雕，如佛龛、佛像、狮、象、莲花瓣等佛教图案，远远看上去像是一个巨大的圆形花簇，华丽精美。

花塔表现的是佛教华严宗的莲华藏世界。华严宗壁画往往绘一海中莲花，毗卢遮那佛居花心，周围有小城几十座，代表众多之“世界”，而整体就是“莲华藏世界”。花塔多重莲瓣和巨大塔顶，就是这种“世界”的立体表现。塔刹最高处的较大小塔就是毗卢遮那佛所居。

花塔在唐末开始出现，盛行于宋、辽、金时期，到元代基本绝迹，仅存在了300多年。由于建筑和装饰工艺十分复杂，建造数量不大，能保存至今的更加稀少。比较著名的花塔有河北正定广惠寺花塔、河北涞水庆化寺花塔、北京房山区万佛堂花塔（图2–131）。

河北涞水庆化寺花塔，矗立在庆化寺山门外正南约100米处的山崖平台上。塔高13米，砖木结构。塔基为八角形须弥座，高3.4米，上有金刚力士、乐伎飞天等雕像。塔身第一层高3.6米，四个方向各开一拱门，四门拱顶两端皆雕有一个乐伎飞天，身姿飘逸，形态优美。门内塔心是一方形柱体，直接承托第一层塔檐。第一层塔檐由斗拱挑出，斗拱以上是砖作檐椽和飞子，其上覆瓦。第一层塔檐以上至塔顶是由八层砖砌小佛龛构成的圆形塔身，每个小佛龛上部雕有三个寿桃，列成三角形。自第一层到第七层，每层16个佛龛，第八层缩为8个，共计120个佛龛。再往上逐渐收敛，形成圆形塔刹。塔身通体匀称、美观，雕刻精美，令人赞叹。（图2–132）

图2–132 河北涞水庆化寺花塔雕刻（局部）

此外，其他类型如过街塔、多宝塔、浮雕塔等，这里就不一一介绍了。

（4）几例罕见神奇的佛塔

①北京云居寺北塔，是辽代砖砌舍利塔，又称“罗汉塔”。塔高34.2米，塔基是八角形须弥座，塔身自下而上依次为楼阁式（两层）、覆钵式、钟形，当地人称为“钟鼓楼塔”。塔身集三种形式于一体，这种造

图2–133 北京云居寺北塔

图 2-134 山西永济普救寺莺莺塔

图 2-135 上海松江护珠塔

图 2-136 山西曲沃感应寺塔

型实属罕见（图 2-133）。

②山西永济普救寺莺莺塔，是一座方形十三层密檐式塔，该塔有极强的回音功能，有人站在塔旁低语，他人在离塔 40 米处亦可清晰听见。塔前有一块“蛙鸣石”，人们以石击之，塔上会返回酷似蛙鸣的回音（图 2-134）。

③上海松江护珠塔，建于北宋元丰年间（1078—1085），清乾隆年间（1736—1795）因中峰寺祭神放鞭炮起火，塔心、扶梯、腰檐等被毁，后人又在陈砖中发现了宋代钱币，不断拆砖觅宝，形成约直径 2 米的大洞。现塔身向东南方倾斜 6°51′52″，顶部垂直线与塔中心偏出 2.27 米，其倾斜度比世界著名的意大利比萨斜塔还多 1°11′52″，号称“天下第一斜塔”，至今屹立不倒（图 2-135）。

图 2-137 山西新绛龙兴寺塔

④山西曲沃感应寺塔是一座宋塔，元大德七年（1303）因地震被震裂，一层之上一分为二，其形状像双塔并峙。700 多年来，该塔又经历了多次地震，却岿然不倒，令人不可思议（图 2-136）。

⑤山西新绛龙兴寺塔，是一座八角十三层楼阁式唐塔（图 2-137）。自古以来，塔顶有时会“冒烟”，最近一

次在 1971 年中秋节，塔顶缕缕青烟缭绕，十分神奇。原来，这是因为有许多昆虫在塔顶像龙卷风似的飞绕，在夕阳照射下，看起来就像塔顶在冒烟一样。

10. 塔林

塔林，亦称塔群、群塔，是一种常见的佛塔组合。塔林多是僧人墓塔的集合群，也有少量不是僧人墓塔。我国著名的塔林有河南登封少林寺墓塔林、山东济南灵岩寺墓塔林、河南临汝风穴寺墓塔林、北京潭柘寺墓塔林、四川青衣江槽鱼滩塔林、宁夏青铜峡一百零八塔等。

按照佛教葬仪，寺僧圆寂后，佛徒根据其佛学修养、身世地位、生前威望等情况，建造不同等级的墓塔，以示功德。但也有些和尚建有身骨塔和衣钵塔。河南登封少林寺墓塔林是我国现存古塔数量最多的墓塔林，汇集了唐、宋、金、元、明、清、近代等各个时代、各种形式的墓塔，计 200 多座，其中最早的建于唐贞元年间（785—804），堪称中国佛塔史的缩影。少林寺墓塔多为砖塔，以楼阁式和密檐式最多，一般三至七级，高度都在 15

图 2–138　河南登封少林寺墓塔林

米以下，大都有塔铭和塔额。平面四方形、六边形、八边形、圆形等皆有，立面锥形、圆柱形、瓶形等并存，制式多样，是研究我国砖石建筑和雕刻艺术的宝库（图 2-138）。其中以唐贞元七年（791）的法玩塔、北宋宣和三年（1121）的普通塔（一般寺僧们死后存放骨灰的共用墓塔）、金正隆二年（1157）的西堂塔、元至元二十七年（1290）的中林塔、明万历八年（1580）的坦然塔及清康熙五年（1666）的彼岸塔为典型代表。例如塔林中最古老的唐代法玩塔，建于唐贞元七年（791），系方形单层单檐式砖塔，高 8 米。除塔门、塔刹和塔铭用青石雕成以外，通体皆用水磨砖砌造。塔门及两侧以高浮雕手法装饰着飞天、嫔伽（人头鸟）、金刚力士等图案，刻画精美，给人留下深刻印象。

山东济南灵岩寺墓塔林，建于寺院西边的山坡上，现有北魏、唐、宋、金、元、明、清历代墓塔 167 座，除了砖石结构的北魏祖师塔以外，其余皆为石塔，是国内最大的石塔墓塔林。墓塔林中部为一条南北甬道，以北端的北魏祖师法定塔为起首，塔群分为东西两面依次向南排列。墓塔一般由塔基、塔身、塔刹组成，塔基呈方形、圆形、六边形、八角形，一般都有浮雕装饰；塔身

图 2-139 山东济南灵岩寺墓塔林

较高大，上刻僧人法名、年号；塔刹有相轮、覆盆、仰月、宝珠等图案造型。塔的形制丰富多彩，包括方碑形、钟形、鼓形、堵婆（喇嘛塔）、经幢式、亭阁式等，即使同一形制的墓塔，造型也是千变万化。塔上的雕刻，内容丰富，技法多样，精美绝伦的神像、托塔的金刚力士、嬉玩的狮子等，造型生动，各不相同，给人以艺术的享受。墓塔旁边通常有墓碑（共计 81 座），记载着高僧们的生平经历，是研究佛教史的珍贵实物资料（图 2–139）。

四川青衣江槽鱼滩塔林，有塔 162 座，有木塔、石塔、琉璃塔等，各塔一色赭红，在青山绿树映衬下，格外耀眼。

宁夏青铜峡一百零八塔，位于青铜峡的山坡上，由 108 座小型喇嘛塔组成，是我国古塔建筑中罕见的大型塔群。一百零八塔始建于西夏时期，坐西朝东，背山面水，依山势自上而下共 12 排，呈 1、3、3、5、5、7、9、11、13、15、17、19 的奇数排列，错落有序，构成一个等边三角形的大型塔群。最上面的第一座塔较大，其余均为小塔。塔全部用砖砌成，抹以白灰，为实心喇嘛塔。之所以修建一百零八塔，是因为佛教认为人有 108 种烦恼，来此拜塔，就可以消除烦恼，带来吉祥和好运（图 2–140）。

图 2–140 宁夏青铜峡一百零八塔

11. 放生池

佛教以慈悲为怀，讲众生平等。《大智度论》卷十三云："诸余罪中，杀罪最重；诸功德中，不杀第一。"佛教信徒为了实践救度众生的誓愿，在可能的情况下，都要进行放生活动。所以，佛寺大多都设有放生池，为信众提供放生之所，以此体现佛教好生之德，激发众生慈悲之心。佛寺的放生池一般为人工开凿的池塘，设在天王殿前，也有一些寺院因地制宜，设在寺院山门外，如浙江普陀山普济寺、安徽九华山化城寺（图 2–141）、江苏南京灵谷寺等。灵谷寺在大门前有一泓月牙池，即放生池，又称为“万工池”。相传灵谷寺初建时，明太祖朱元璋曾前来巡视，感觉这块地方太过空旷，缺少景致，便派了万名军工挖出这座水池，并将挖出的土堆在池南，成为一座小丘。这样，有山有水，形成人为的山水风景，“万工池”之名也由此而来。佛教信徒在放生池放生的大多为鱼、龟等，据说放一次生就积一次德（图 2–142）。

图 2–141　安徽九华山化城寺山门外的放生池

图 2–142　四川峨眉山万年寺放生池里被放生的小乌龟

三、寺院建筑环境

1. 寺院周边环境

我国古代寺院，十分讲究择址，一般都选择在山明水秀的地方。俗话说“天下名山僧占多”，实际上就是说僧人十分善于选择寺址。从我国大多数佛教寺院所处的地理环境来看，都体现出了回归自然的理念。特别是那些藏在深山幽谷的寺院，无不体现着佛教“超尘脱俗”的崇高理想。

寺院对地理环境要求很高，在选择寺址时，一般要把握以下几点：

一是清净幽静。由于寺院是僧人出家修行的地方，佛教教义特别强调“净”，所以不仅出家的僧人主观上要摒弃一切杂念，客观上也要为僧人修行提供适宜的环境。许多寺院藏于深山幽谷之中，为的就是一个自然幽静的环境（图 2–143）。

图 2–143　绿树红叶掩映中的北京潭柘寺

二是临近水源。水是人们生存的必需之物，所以建在山林里的寺院，一般附近都有山泉、溪流；建在城镇里的寺院，都有水质上佳的水井。

山东济南灵岩寺及其周边就有多眼泉池。在千佛殿东侧崖壁下有三泉相邻，俗称“五步三泉”。传说前秦永兴年间（357—358），灵岩寺创始人法定禅师由白虎驮经书、青蛇领路来到灵岩山下，被此间山色吸引，欲定址建寺。可惜巡视多日不见水源，正着急时，忽现一老樵夫前来指点：双鹤鸣叫必有清泉，说完隐身而去。法定禅师抬头，果见双鹤鸣叫飞出，忙寻迹而去，白鹤起飞的地方涌出两处清泉。法定禅师把锡杖往地上一插，痛饮一番，连称好泉，等把锡杖拔出，居然又涌出一泉。此三泉相距仅五步之遥，法定禅师分别命名为双鹤泉、白鹤泉、卓锡泉（亦名锡杖泉）。三泉泉水甘洌，终年不竭，注入一石池中，宛如明镜，灵岩八景之一的“镜池春晓”即出于此。此外，还有位于转轮藏遗址东侧崖壁下的袈裟泉，又名独孤泉，因泉旁立一形似袈裟的铸铁块而得名（图 2–144）。袈裟泉水量充沛，水质甘美，为寺院的主要饮用水源。寺院周边还有位于寺院东北里许号称“灵岩第一泉”的甘露泉、位于寺院西部一公里的万盛泉、位于寺院崇兴桥南里许的飞泉、位于寺院西南数里处的檀抱泉等。

图 2–144　山东济南灵岩寺的袈裟泉

三是林木繁茂。建于深山老林的寺院自不待言，就是我国西部植被较差的地区，寺院周围一般也是林木生长最旺盛的地方。据有关专家测试，大多数寺院所在之地，空气中负氧离子含量都远远高于周边其他地方。这显然与寺院附近林木旺盛有关。

四是“风水”认可。“风水”是我国民间建筑择址的重要依据，所以，民间流行“看风水”的做法。从某种意义上来说，“风水”有一定科学道理，前面所提到的三个方面其实都是“风水”的内容之一，另外还有诸如采光朝向、常年风向风力、地质地貌等内容。例如山东地区最早的寺院济南神通寺，就是由朗公和尚选址兴建的。郎公是高僧佛图澄的高徒，起初在关中讲学，后来到了山东，在泰山一带宣扬佛法。前秦皇始元年（351），郎公来到济南柳埠镇东北2千米的昆瑞山（又名金舆山），见其东侧为青龙山，西侧为白虎山，两山之间的山峪为金舆谷，其地势俨然一座高背靠椅，坐北面南，藏风蔽气，为济南南部山区首选的宝地，遂在此修建寺院，称为朗公寺，隋代重建后改名为神通寺，成为佛教在山东的发祥地。

下面，我们从南方和北方各举一例，来看一下寺院环境的宜人之处。

先看一下南方的普陀山。普陀山位于浙江省舟山群岛，是我国四大佛教名山之一，为著名的观音菩萨道场。普陀山面积不大，全岛仅12.76平方千米，最高山峰菩萨顶海拔291.3米，四面环海，略呈菱形。从高处看去，像一片树叶漂在大海上似的（图2–145）。

这里属于亚热带海洋性季风气候，降水充沛，年平均气温16摄氏度，夏季最热月份平均26摄氏度，绝无酷暑，冬季最冷月份平均6至7摄氏度，冰雪罕见。岛上山峦叠翠，古木参天，怪石嵯峨，奇洞遍布。人们站在小岛的高处，极目远眺，可见点点海岛，星罗棋布；深入山林，如入神仙境界，只见满目青翠，可闻鸟啭莺啼；漫步海滩，层层浪花赏心悦目，碧水金沙令人心旷神怡。普陀山孤峙于大海之中，水本应咸苦，但山上涧泉众多，水质甘美。区区一座小岛，就有三大溪涧、十处名泉。旧时有的寺僧用长竹筒就可把涧泉甜水直接引到香积厨，可谓古代的“自来水”。自唐、五代以来，普陀山开始兴建寺院，及至清末，全山已有大小寺院200余座，僧尼达3000余人。最为著名的有普济寺、法雨寺、慧济寺三大寺院，其中普济寺、法雨寺寺院建筑皆200余间，殿宇十分壮观（图2–146）。

图2–145　海天佛国——浙江普陀山

图2–146　深山藏古刹——浙江普陀山中的龙寿禅院

再看一下北方的千山。千山位于我国辽宁省鞍山市，全山总面积 44 平方千米，最高峰海拔 708.3 米。千山属于丘陵低山地貌，但坡面较陡，平均每平方千米有大小山峰 22 座，素有“峰海”“千峰”之说，另外还有“千顶山”“千华山”“千朵莲花山”等称法。千山山峰均为花岗岩剥蚀体，山头赤露在土层外面，呈现出圆形、椭圆形、瓣形等多种形状，在茂密的松林映衬下，宛如一朵朵出水的莲花。千山有峰便有松，全山百年以上树龄的古松有 8000 多棵。这些古松，有的干曲枝挺，有的横枝虬发，有的顶平如盖，有的层层伸展，特别是那些生长在悬崖峭壁上的古松，看似摇摇欲坠，实则挺拔刚劲。可以说，一棵棵古松，就是一个个天然盆景。满山的古松为千山披上了一层厚厚的绿色，远望郁郁葱葱，近看翠色欲滴。千山还有两万多棵梨树，春天梨花盛开时，大小沟壑一片雪白，香气袭人。虽然千山山峰陡峭，但谷壑众多，地表径流条件良好，几百条山沟汇成 14 条小溪，春夏秋三季溪水长流。在海拔 200 米以下，分布有 20 多处井泉，水质良好，常年不竭。千山自唐代初年开始兴建寺院，至辽金已形成规模，著名的五大禅林有香岩寺、大安寺、祖越寺、中会寺、龙泉寺。千山的寺院都建在深谷和山坳之中，四面环山或三面环山。寺院墙垣往往依峭壁陡坡而筑，寺院建筑与陡峰、石壁、苍松浑然一体，十分清幽宁静（图 2–147）。

图 2–147 藏在山谷中的辽宁鞍山千山古佛寺

建在城镇的寺院，起初所选也多是远离闹市的清静之地。不过由于交通方便，香客云集，随之各种店铺摊贩等越设越多，往往越是香火旺盛的寺院，周边反而越是热闹了。河南开封大相国寺，早在宋代的时候，每月朔、望二日均开放为交易市场，古董字画、干果百货，随地设摊，人来人往，熙熙攘攘，形同闹市。现在有些在大都市市区的寺院，已被高楼大厦所包围，墙外车水马龙，只能闹中取静了。

2. 寺院内部环境

我国汉传佛教寺院建筑虽然多为规整的中轴对称式格局，但是，人们进入寺院之后，往往不会有单调枯涩之感，这与寺院大多重视内部环境的美化，尤其是注重花木的栽培与养护有关。一般来说，主要殿堂的庭院多种植松、柏、银杏、榕树、七叶树等姿态挺拔、虬枝古干、叶茂荫浓的树木，或孤植，或对植。在次要殿堂和生活区的庭院内，多栽花卉及观赏性树木，有的还点缀山石水池，体现“曲径通幽处，禅房花木深”的雅致情趣。

历史越是悠久的古刹名寺，通常都会有一些名花古木，甚至成为寺院的一大特色。许多寺院，在建寺之初栽植的（或保留的）树木，历经千百年，依然长势旺盛。寺里的殿宇可能是数次坍塌又几经重修的，但那棵棵大树依然焕发着蓬勃朝气。这与历代僧人对这些树木的爱护有关。我国历代寺院，都以毁林为大忌，所以寺内以及周边的林木都能得到极好的保护。

下面，列举几例古刹名木：

北京潭柘寺三圣殿前，有辽代所植的两棵千年银杏树，东边一棵高达30余米，主干需几人合抱才能围拢，树冠浓荫遮盖了大半个庭院。据说，清朝乾隆皇帝曾为该树取名“帝王树”。西侧一棵与帝王树相呼应地叫“配王树”。寺院内还有许多高入云端的古松以及玉兰等名贵树木（图2–148）。

安徽九华山祇园寺和上禅堂各有一棵“金钱树”。其树干挺直，树叶青绿，春天树上长出长叶，入夏枝上又长出细条，将数枚叶子穿成一串，到了秋天，树叶变黄，就像一串串金钱挂在树上似的，故有“金钱树”之称。浙江磐安县安福寺内有一棵“唐樟”，高40多米，干围4.6米。浙江台州天台山国清寺的大雄宝殿旁有一棵“隋梅”，距今已1300多年，树干屈如龙爪，近年竟再发新枝（图2–149）。

图2–148 北京潭柘寺的古松

图2–149 浙江台州天台山国清寺隋梅

福建福州西禅寺有一棵宋代荔枝，至今每年仍果实累累。云南丽江玉峰寺有一棵“世界山茶之王”，距今230多年，树冠达56平方米。每年花期达100多天，可开花20000余朵。花开时节，一片火红，极为壮观。另外，像陕西西安净业寺的千年古槐、北京红螺寺与山东青岛法海寺的千年银杏（图2-150）、广东兴宁神光寺的千年古榕、天津盘山天成寺的千年古银杏树等，不胜枚举。

图2-150 山东青岛法海寺的千年银杏

许多寺院特别注重香花树种的栽种，常见的有栀子、茉莉、丁香、梅花、桂花、含笑、白兰花、蜡梅、金银木、兰花等。例如北京西山的大觉寺内，植有太平花、海棠、玉兰、丁香、玉簪、牡丹、芍药等多种花卉，其中最有名的当属玉兰。院内有乾隆年间（1736—1795）从四川移来的玉兰树，树龄300年左右，花繁瓣大，色洁香浓，堪称京城玉兰之最。每年清明前后去大觉寺赏玉兰花，成为北京居民的一大盛事。北京法源寺，花草树木繁茂多姿，除了元代的白皮松、清代的文官果以及乾隆皇帝种植的西府海棠之外，尤以丁香著称。全寺丁香成林，在五月花开时节，芬芳浓郁，香飘数里，令人流连忘返。大觉寺（因其玉兰花）、法源寺（因其丁香花）与崇效寺（因其牡丹花）并称为“北京三大花卉寺庙”。

许多寺院建筑，还与园林有机结合，如江苏的扬州大明寺、苏州寒山寺、无锡慧山寺等。位于云南昆明市区内的圆通寺，有着1200多年的建寺历史，是昆明最古老的佛教寺院之一，同时也是昆明市内最大的寺院。圆通寺在我国寺庙建筑中是较为罕见的“倒坡寺”，进山门后不是上坡，而是越向里走地势越低，大

图 2–151　越往里走地势越低的“倒坡寺”——云南昆明圆通寺

雄宝殿位于寺院的最低点。寺院巧妙地借背后螺峰山之景，以圆通宝殿为中心，前开一池，中心是垂檐翘角、轻盈秀丽的八角亭，周围以水榭回廊环绕，形成青山、碧水、朱殿、红亭、白桥、彩鱼交相辉映之景，将园林景色与寺院建筑完好地融为一体（图2-151、图2-152）。海南三亚新建的南山寺，是一处以寺院为核心的佛教文化苑，寺院有雕塑、曲桥、珊瑚石作点缀，完全融入了园林之中，是现代寺院建筑的成功范例。

图2-152 云南昆明圆通寺内景，山水相融，闹中取静

第三章　寺院法器

法器，亦称“法物”“法具”“佛器”“佛具”“道具”等。举凡寺院用于祈祷、修法、供养、法会等佛事活动的设施、器具，以及僧人衣食住行所用之器具，皆称法器。寺院里的设施、用具，都是按照佛教教义和教规置备的，有统一的用途、统一的规制，不能像俗世那么随意。

寺院法器主要有庄严具、供养具、梵呗器、容置器、携行器、僧服等几类。

一、庄严具

庄严具，是指为庄严整饰佛堂、道场而设置的法器，以表示对佛陀的恭敬，并使敬拜者生发虔诚之心。庄严具主要有佛坛、幢、幡、盖、欢门、宝鼎、经幢等。

1. 佛坛

即安置佛像的座坛。寺院中，无论是大雄宝殿里还是其他殿堂里，佛像和菩萨像都是供奉在坛座上的，使得佛像更加稳固，也更突出佛像的高大、威严。佛坛的建筑材料，多为砖、石、土、木，形状有方形、八角形、圆形等。常见的佛坛有以下几种：

（1）金刚座：也称须弥座，是唯有佛陀释迦牟尼像才能使用的座坛，形状为方形，上面刻有凹凸线脚和纹饰。据说，佛陀释迦牟尼就是坐在这种座子上成道的。

（2）莲花座：是饰有莲花图案的座坛，有八叶莲、千叶莲等各种形式据传，释迦牟尼诞生后就会行走，而且步步生出莲花，所以许多佛坛上都饰有莲花图案（图 3–1）。

（3）狮座：是大日如来、文殊菩萨等佛、菩萨的座台（图 3–2）。

（4）象座：是普贤菩萨、金刚藏菩萨等佛、菩萨的座台（图3–3）。

（5）马座：是宝生如来、马鸣菩萨、虚空藏菩萨等佛、菩萨的座台。

（6）孔雀座：是阿弥陀佛、孔雀大明王、虚空藏菩萨等佛、菩萨的座台。

佛坛的装饰都比较华美，有的还在莲叶等图案上面贴金、彩绘，有的还有各种饰物。

图 3–1　佛像下面的须弥座和千叶莲花座

图 3–2　坐在狮座上的文殊菩萨像

图 3–3　坐在象座上的普贤菩萨像

2. 幢、幡、盖、欢门

图 3–4　寺院大殿里悬挂的宝幢

这些是大殿里烘托法会气氛的仪仗用具，主要以黄、红、黑等颜色的绸缎、绢等布料制作，上面有彩绣或彩绘的佛教图案。

幢　又称宝幢、天幢，本为帝王将帅仪仗的一种旗帜，在佛教中象征魔众生、制魔众。因释迦牟尼又称为法王，具有能降伏一切魔军的威力，所以佛教将佛说法称为“建法幢”。幢一般以绢、布制成，其造型为长筒状，上面有宝生如来、地藏菩萨等刺绣佛像或彩绘图案，两边间隔配置八条或十条丝帛，下端缀有四条丝帛。幢竿顶端安置如意珠的，称为“如意幢”；安置人头的，称为“人头幢”或“坛拿幢”。每尊庄严佛像前一般放置四柱宝幢，或绕宝盖而悬置（图 3–4）。

幡　也称“胜幡”，是梵文旌旗类物品的音译。凡是结道场、建佛坛，必定用幡布列四周，加以严饰，以表示佛陀降魔护持的威德。幡大多由布、绸制成，也有纸、金属、玉等材质的。其形状为竖垂的长条形，最上方为三角形幡头；中间是长方形幡身，上绘有图案或写有佛号、经文；幡身两侧是长约幡身三分之二的细条，称为“幡手”；最下方为幡足，即幡身下面垂饰的若干丝带（图 3–5）。按照幡使用的场所不同，幡可分为四类：悬挂于佛堂、讲堂等处的，称为“堂幡”，大多为锦、绫、刺绣材料；悬挂于导师、讲师高座上的，称为“高座幡”；垂挂于天盖四角的，称为“天盖幡”；用于法事庭仪上的，叫作“庭幡”，多为青色幡（图 3–6）。

图 3–5　寺院大殿里悬挂的幡

图 3–6　寺院法事中的幡

盖　也称“天盖”“宝盖”“伞盖”等，本来是用来防雨、防晒、防尘的用具，在寺院里便只是一种仪仗了。盖的形状是有顶的圆筒形，四周缀以丝穗、垂带等。盖分有柄的、无柄的两种，有柄的供大型法会时由僧人撑举作为仪仗，无柄的只是悬挂在大殿里作为供养之具（图 3–7）。

图 3–7　寺院法事中的宝盖

图 3–8　寺院大殿里神像前悬挂的宝盖和欢门

欢门　是悬于佛、菩萨像前的门字形大幔帐，上面常用彩丝绣成飞天、莲花、瑞兽、珍禽、花草之类。在欢门两侧一般悬幡，故又称为“幡门”（图 3–8）。

3. 宝鼎

图 3–9　山东济南千佛山兴国禅寺的宝鼎

多为铜铸或铁铸，寺院宝鼎造型，在一般鼎器的基础上有所变化，多似圆塔形。下面三足，圆腹，两耳左右高耸；上面呈楼阁式，高的可达 2 ～ 3 米，中空，檐角缀铃。凡天王殿有面向后方的韦驮菩萨像者，在通往大雄宝殿的道路正中都要置宝鼎。还有的在藏经楼庭院、大雄宝殿也安置宝鼎。宝鼎上一般铸有各式佛教图案，书写寺院名称或吉祥语等（图 3–9）。

4. 经幢

一种刻有经文的多角形石柱一般为方形或六角形、八角形，以八角形最多见，也称为“八楞碑”。经幢分为幢座、幢身、幢顶三部分。幢座十分敦实，一般不太高大，四周刻有莲花、罗汉、狮子、象等图案。幢身挺拔直立，多为一块整石凿成，上面刻有经文、经咒等，以刻《佛说佛顶尊胜陀罗尼经》的最多。据说，此经刻于幢上，倘若幢影映于人身，则人可不为罪垢染污。有的幢身上还刻有小型佛像，上下两端刻有纹饰等。幢顶多为圆形，上刻莲花瓣、狮子等图案。有的经幢不置幢顶，只分幢座、幢身两部分。还有的经幢呈塔形，下粗上细，但十分少见。（图3–10）

许多寺院都保留着年代十分久远的经幢，有的寺院殿宇房舍屡毁屡建，早已不见当年面貌，但当初的经幢依然巍立。如广东潮州开元寺天王殿、大雄宝殿前的四座经幢，由石雕构件叠砌而成，为唐代建寺时所造，迄今已1200多年。虽石表严重剥蚀，图像已斑驳不清，但如金刚力士、覆莲、双龙夺宝等图案以及《准提咒》《尊胜咒》及梵文尚隐约可见，能够看出当时工匠明快凝练的雕刻手法（图3–11）。

图3–10 中国最大的经幢——河北赵州陀罗尼经幢

图3–11 广东潮州开元寺的唐代经幢

二、供养具

供养具，是指用于对佛、菩萨进行供奉资养的法器。寺院殿堂里点灯、亮烛、燃香、供花，都是为了表示对佛和菩萨的敬意。供养具分为供物和供具两大类：供物主要有香、花、灯明、饮食等；供具就是盛放上述供物的器皿，主要有香炉、花瓶、饮食器、灯器等。殿堂供具的多少，依照殿堂大小及法事需要来确定。佛经中说，殿堂当设 21 种供奉之具，如果不能办到，5 种也可以，即香水、杂花、烧香、饮食、燃灯。

1. 灯与灯盏

灯是“灯明”的简称，即点燃灯火以取光明之意。《华严经》卷七十八言：“菩提心者，犹如明灯，能放种种法光明故。”佛教中，把传法称为“传灯”，可见灯在佛教中意义十分重要。供养灯分

图 3-12　浙江普陀山普济寺圆通宝殿里悬挂的长明灯

图 3-13　广东潮州开元寺天王殿弥勒佛像前摆放的座灯

为礼拜、诵经时用的一般灯明与庄严佛堂用的长明灯两种。值得一提的是，寺院大殿里的长明灯，有的悬挂在梁上，有的置于佛坛前面，不分昼夜长燃不灭（图 3–12）。汉传佛教寺院的灯多用植物油作燃料，藏传佛教寺院多燃酥油灯。现在寺院大多使用电灯了，有的现代寺院大殿里甚至吊着华美的吊灯，颇富现代气息。

灯盏，是配合灯火使用的器皿，用于盛装灯油，有置于桌上的座灯和悬挂使用的吊灯两种。座灯的造型多样，有碗式、盘式、长方形炉式、鼎式、勺式等（图 3–13）。吊灯由于安全问题，使用较少。

2. 烛与烛台

烛，具有与灯一样的功能。蜡烛要插在烛台上，有的寺院使用专制的粗大蜡烛。如今许多寺院已改用外观成烛形的电灯。

烛台，是用来插蜡烛的法器，可以使蜡烛竖立，便于点用，也可以提升蜡烛的高度，使其光线显得更亮，还可以盛接蜡油、蜡花，以免弄脏器物或造成火灾。烛台多为铜制、锡制、银制，也有石雕和木造的。其造型多样，有单支、多支之分。多支烛台一般当中一支较高，四周各支略低（图 3–14）。

图 3–14　山东济南千佛山兴国禅寺佛像前供台上的烛台与香炉

3. 花与花器

花是佛像前的供物，表示对佛的崇敬和爱戴。《大日经疏》卷八中说：“所谓花者，是从慈悲生义，即此净心种子，于大悲胎藏中万行开敷，庄严佛菩提树，故说为花。”供佛的花使用最广泛的是红白莲花。据说释迦牟尼降生后即周行七步，步步生莲，所以在佛教徒看来，莲即佛。又以莲花所具有的出污泥而不染的特性，寓意佛法能使人不受俗世污染，超然脱俗，达到清净无碍的境界。其他常用的供养花还有优昙娑罗花、郁金香、月季花、玫瑰花、茉莉花、康乃馨等。将花献于佛前，称为“献花”；将花散布于佛坛、道场等地，称为“散花”。寺院佛殿里面，除了举行重大佛事活动时有的供鲜花之外，平时所供多为绢花，也有的为塑料花（图 3–15）。

图 3–15　山东济南神通寺大雄宝殿供花

花器，是用来盛放供花的器具，主要有衣裓和花瓶两种。

衣裓，是一种高约 25 厘米的浅皿，用于盛放散花，又称“花笼”“花皿”。衣裓的材质，有竹编、木制、金属网制以及纸胎涂漆等。举行法会时，把莲花瓣（也可用彩纸剪成莲花状以代替鲜花）用衣裓盛装，散布于所经过之处，称为“散花”。

花瓶，有的是供插花用的，有的不插花，只是作为陈设品。寺院中的花瓶多为瓷瓶、铜瓶。一般而言，汉传佛教寺院多用瓷瓶，铜瓶在藏传佛教寺院比较多见。

4. 香与香器

烧香，是佛教必备的五种供养或七种供养之一。焚香具有播散芳香、消除秽气、正念清神的作用。在寺院里焚香，能够很好地渲染肃穆气氛。人们前往寺院，远远即可闻到香气，进入寺院后，香气浓郁，香烟缭绕，人们立即会有进入庄严世界之感。佛教认为，香有持戒清净之义，能够灭除一切烦恼，是象征修行者的戒德之香。一般信徒及百姓，则把烧香作为祈祷、祝愿的辅助力量。香的种类有末香、线香、盘香、瓣香等。

末香，是指粉末状的香料，主要是撒于寺院或塔庙等地，也可以燃点熏嗅，或是加入油料制成涂香，涂抹在身上，用以祛除身上异味，防止蚊虫叮咬，故又称“抹香”。

线香，是用香木粉末加糊制成的细长如线的香，因能长久燃点，故又称“仙香”“长寿香”。线香是人们最常用的一种香。

盘香，是把线香在干硬之前弯成一圈圈盘叠的环状香环（图 3–16）。盘香在南方一些寺院用得较多。

图 3–16　盘香

瓣香，是檀香木碎块，即把檀香木劈成一片一段的小瓣。因檀香木是香中极品，所以瓣香又称为“大香”。

上香分为供香、拜佛、祈愿三个基本步骤。具体而言，上香前要先洗手、漱口、端正仪表、清净身心，在佛前双手合十，虔诚供佛，然后拈起三炷香，点燃并持在胸前，念诵真言，祈愿奉请的诸佛、菩萨接受供养、欢喜受用，再把香置于香炉中，叩拜三次。

香器，是供香和焚香时所用的器皿，主要有香炉、熏球、香筒、香盒等。

香炉，是佛教最常用的焚香用具，与烛台、花瓶组成佛殿供台上必须有的“三具足”供器。香炉分为供炉、手炉两种。供炉又分插香炉、卧香炉、檀香炉等。较常见的是插香炉，形状有方斗形、圆钵形、狮子形、莲花形等。香炉多为铜铸、铁铸，也有其他材料制成的，如玉石、琉璃、陶瓷，甚至金、银等。寺院各殿堂，一般在主尊佛像前都置香炉，有的还在大雄宝殿、天王殿等门前安置大型香炉（图 3–17）。手炉是一种可以持执着在行进中使用的香炉，常在剃度、礼忏、奉请等佛事活动时使用，多为铜铸或玉雕，柄长约一尺多，炉头多为龙首形、莲花形。

图 3–17　北京天宁寺大殿前巨大的香炉

熏球，又叫“香球”，与熏香配合使用。熏球呈圆球状，由上下两个半球扣合而成，球体镂空并装饰花纹，内有保持平衡的小杯，用以盛放香料，焚点时从镂空处散发出香味。球外带有长链，可提可挂。熏球多在节庆活动及净化室内空气时使用。

香筒，是一种焚燃直式线香的香器，又称“香龙”。其外形为长直筒形，上面有平顶盖子，筒壁装饰着镂空图案，精美考究。材质一般为竹、玉、象牙等，较为名贵。

香盒，是盛装散香、末香的一种扁圆形容器，多是木制涂漆而成，也有陶制和金属材质的。

三、梵呗器

梵呗器，也称呗器，是寺院里可以发出声响，以传达某种信号或做伴奏用的法器。其作用有报时、作息、召集、渲染气氛等。佛经中称之为“犍椎”，最初是供僧人“梵呗”用的，即僧人按照一定曲调诵经，赞颂佛陀功德时，敲击之以掌握节奏。报时等功能是以后才有的。寺院梵呗器主要有以下几种。

1. 钟

钟是寺院发布作息信号的工具，也是举行佛事活动时的主要乐器。《敕修百丈清规·法器章》中说：“大钟，丛林号令资始也。晓击则破长夜，惊睡眠；暮击则觉昏衢，疏冥昧。”《佛祖统纪》卷六说：“闻钟磬声，增其正念，惟长惟久。”可见，钟除了报时之外，还有更重要的作用。寺院用钟有铜铸、铁铸两种，按其功能分，则有报钟、大钟、斋钟三种。

报钟，是挂在禅堂里的钟。报钟一般不十分大，禅宗寺院的报钟下面，往往挂有一个木板，人们从木板的形状上，就可看出该寺院属于禅宗五大派别的哪一派了——木板为横长方形的，是临济宗寺院；木板为竖长方形的，是曹洞宗寺院；木板为三角形的，是法眼宗寺院；木板为半圆形的，是沩仰宗寺院；木板为圆形的，是云门宗寺院。报钟是寺院每天最早敲响的钟，它敲响后，再敲大钟（图3-18）。僧人坐禅的时候也敲报钟和板作为止静的信号。

图 3-18 云南昆明圆通寺的报钟

大钟，又叫梵钟、洪钟、撞钟，是挂在钟楼上的，声响洪亮致远，用于召集大众或早晚报时。大钟一般高150厘米，直径约60厘米。规模比较大、财力比较丰裕的寺院，往往尽量求其大，有的可达上万斤。大钟由寺院的“钟头”专门管理，每天早晚各撞一次，每次108响，寓意祛除108种烦恼，使人清醒觉悟，获得安顺吉祥。钟头撞钟前，要先默念钟偈，然后边吟边撞。当寺院举行重大法会或迎接佛门高僧时，也要撞响大钟（图3–19）。

钟，又称斋钟、小钟、行事钟，一般只有大钟的一半大小，通常挂在大殿或法堂内部左侧，供僧人做佛事时使用。有的寺院也用它作为斋钟，在早粥、午斋时敲击之（图3–20）。

图3–19　世界上最大的铜钟——北京觉生寺永乐大钟

图3–20　寺院大殿里的斋钟

2. 鼓

和钟一样，鼓既是寺院发布作息信号的工具，也是举行佛事活动时的乐器。鼓的种类有法鼓、大鼓、茶鼓、斋鼓、浴鼓、手鼓等。

法鼓，设于寺院大殿的东北角，放在专门的鼓架上，住持进入大殿和举行佛事活动时要敲击法鼓（图3–21、图3–22、图3–23）。

大鼓，架在鼓楼中，作用与钟楼的大钟相同。寺院每天早晨先钟后鼓，晚上先鼓后钟。鼓楼里的大鼓由寺院“鼓头”专门管理，

图 3-21　寺院大殿中的法鼓

图 3-22　浙江普陀山法雨寺九龙宝殿内的法鼓

敲鼓时先敲鼓边，再敲鼓心，边敲边念大悲咒。

茶鼓，设在法堂的西北角，用于召集僧众用茶，或是在祖师忌日献茶汤而举礼时敲击。茶鼓由侍司主负责敲击，先长击一声，再煞声一下。茶礼结束后再击三下。

斋鼓，挂于库司门前，在僧众午斋时敲击，紧击三声。

浴鼓，用于通知僧众入浴，由知浴负责敲击，先缓后急，最后猛击一槌，戛然而止。

手鼓，一种带柄的鼓，在寺院举行各种佛事赞诵唱念活动时，由僧人手持敲击作乐器使用。

图 3-23　僧人击鼓

3. 磬

磬是我国独有的一种乐器。现在寺院中常见的圆磬，是五代时我国寺院才开始使用的。磬的形状，像是仰口向上的钟，最初是用玉或石料琢磨而成，后来多为铜铸或铁铸了。磬的声音清脆悦耳，能很好地体现出佛教庄严肃穆、清净超尘的气氛。磬分圆磬、扁磬两类，圆磬又分大磬、引磬两种。

图 3-24　台湾地区南投中台禅寺大殿中置于木架上的大铜磬

大磬，是放置在大殿供台右侧、形体较大的一种磬，直径在半尺至三尺不等，较大的磬要放在木架上(图 3-24)。大磬由专人负责，在举行法会、僧人课诵时敲击。它的作用是提振精神，指挥腔调，多在起腔、收腔、合掌、放掌以及称赞佛号时使用。现在有的寺院为了表示对香客的尊重，也会在香客跪拜佛像时敲击之。

引磬，是一种体积较小、可以移动的圆磬，有的还带柄。寺院做法事时，引磬起指挥行动的作用，如指挥转身、礼拜等。

扁磬，状似云板，两端上翘如宽边月牙，挂在方丈院门廊外面。敲击三下，表示有客人要见住持；敲击四下，则是报告丧讯。

4. 木鱼

木鱼是寺院具有标志性的法器，又称鱼鼓、鱼板等。据说，鱼的眼睛是永远不闭的，所以寺院僧人在诵经时要敲击木鱼，警醒自己不可瞌睡懈怠。此外，作为一种乐器，也用于在法会上僧众赞诵时整合声调、控制节奏。木鱼是用一整块硬木雕刻而成，外表是鱼形，上面刻有鱼头、鱼鳞、鱼尾。鱼口大张，中间挖空，外面多漆为大红色，以金色点睛，黑色描鳞。

图 3-25　寺院大殿中置于木架上的大木鱼

木鱼形状有长形、圆形两种。圆形木鱼，是放在寺院殿堂里的，大者直径可达一米，一般要架在专门的架子上；中型的一般直径一尺左右，放在香案上；小的一般三寸左右，可以手持敲击（图 3-25）。敲击木鱼时，要注意轻重缓急，富有节奏感，一般是由缓入急，逐渐加速（图 3-26）。长形木鱼也称为鱼梆、饭梆、梆子，雕刻成鱼形或龙头鱼身形，挂在寺院斋堂或库房的廊下，在斋饭时敲击，以集合僧众。鱼梆的挂法是有讲究的，凡十方丛林寺院，鱼头要朝向山门；子孙庙寺院，则是鱼尾朝向山门（图 3-27、图 3-28）。

图 3-26　山东济南神通寺僧人法会时敲击木鱼

图 3-27　北京法源寺五观堂前的鱼梆

图 3-28　浙江普陀山大乘禅院大雄宝殿内一侧的法鼓、大磬、木鱼

5. 板

板是寺院为集合僧众而使用的一种打击器具，多数是硬木制成的，也有青铜或铁制的。板的声音厚重低缓，适合寺院宁静肃穆的气氛。各种用途的板，大小不一，厚度一般二寸左右，上端两角穿孔，系有绳环，可以悬挂或手提。寺院常用的板主要有以下几种：

钟板，挂在禅堂报钟下面（见前“报钟”），长二尺多，高一尺多，厚约三寸，木制。敲击时和钟相互配合。

照板，寺院巡照师报时用，每天敲两次。凌晨，巡照师持照板绕寺院一周，边走边敲，每次连续敲四下，是起床的预备信号，直到报钟响起。晚上在报钟止静之后也敲板，最后打五下，宣告一天活动全部结束，僧众入睡。照板一般长一尺多，高近一尺，厚二寸，木制。

序板，是寺院报事用具，平时挂在客堂，不可随便敲击，每逢寺院有大事（如传戒法会、方丈升座、请执事等）时才使用。序板一般长一尺多，高近一尺，厚二寸，有木制、青铜制。

云板，也称“火板”“斋板”，挂于斋堂廊下，直径三尺左右，形状是周边弯曲的云朵形，多为青铜或铁制（图 3–29）。云板专门用于饮食报时。按照规定，在粥饭已熟而熄火时，要敲击三下，僧众便可取下钵盂去集合了；在开饭前，要长击三十六下。

图 3–29　云板

6. 签

签，是寺院具有特殊用途的响器。它既是寺院僧众生活起居的信号，又是提醒僧众遵守寺院清规的用具。签由签板、签片两部分组成。签板是一根约五尺长的宽竹板，将粗竹筒剖开，取其半予以打磨、上漆制成。签板的凸面上部刻着“铁面无私”四个字，凹面上部刻着“徇情者罚”四个字。签片共 24 片，每 12 片重叠为一组，每片长约一尺，宽约八分，上面书写《丛林清规》一条，共计 24 条。两组签片用绳子穿过签板上部的孔固定住。巡寺的僧值师拿着签板，边走边摇动，签片和签板撞击，发出“哗啦哗啦”的响声，可对僧众起到警示作用。僧值师发现有僧人违反寺规时，要予以规劝，不听规劝者，僧值师将给予处罚。

寺院巡签有固定时间，一般在早晨、中午、晚上各一次，所以“哗啦哗啦”作响的签声，也为寺僧传递着作息信号。

7. 铃、铛、铪

铃，又称“铃铎”“宝铎”，外形似钟，内系撞珠，顶端有柄，摇动时会发出“叮当”之声，多为铜铸、铁铸。铃是佛经中经常提到的法器，在最初的佛、菩萨造像中，就有手持铃的造型。寺院大殿和佛塔的檐角上也多悬铃，称为“风铃”，一是叮当的铃声可以渲染寺院气氛，二是可起驱鸟作用（图 3–30）。还有一种带柄的铃，可以手持摇晃，在寺院举行法会等佛事活动时使用，多用于法会上引魂、礼忏时和诵经韵调庄严时。

铛，是一种小锣，直径约四五寸，四边有孔，用细绳连接固定在一个圆形或方形的边框上，以木柄敲击，可发出“当当”声。

图 3–30　天津蓟州区独乐寺观音阁檐角悬挂的风铃

铪，也称“铙钹”，由两只铜质圆片组成，直径大者可尺余，小者四五寸，敲击发出清脆的声音。铜片当中部分向外凸出，顶部有孔，孔中穿系布条，以便手持。铪和铛是配置在一起使用的乐器，二者交相敲击，节奏分明，为寺院在举行佛事活动时不可或缺的法器。此外，在迎来送往、行走开道时，也要鸣击铙钹。

8. 法螺

图 3–31　山西五台山做法事时，僧人吹奏法螺

法螺，梵文称为“珂贝”，多为清白的或有花条纹的天然海螺，长 30 厘米左右。佛教中所用的法螺，是一种右旋海螺，即螺尖的螺纹呈顺时针方向，尤其是白色的右旋海螺，作为吉祥圆满的象征，在佛教界广泛应用。法螺的制作，先磨平螺尖，再镶嵌吹嘴，有的螺身上还镶金嵌银，镂刻花纹，十分华丽；也有的在两端穿系细绳，可以斜挂在胸前或腋下。在佛教法事活动中，由司号僧吹响法螺（图 3–31）。螺号的声音可以传播很远，以比喻佛法广被大众；螺号的声音勇猛刚劲，又象征佛法雄猛有力。法螺还有降魔除障的功能，千手千眼观音第一手所持的法器就是法螺。

四、容置器

容置器，是用于收藏和装置的法器。其种类不是很多，常见的容置器主要有舍利塔、佛龛、经箱、经橱等几种。

1. 舍利塔

即安放舍利的小型器具。佛舍利（或骨灰）一般先安放在一个塔形（或瓶形）的器具里，然后再将该器具安放在塔的地宫里或塔里。舍利塔多以铜、玉石、陶瓷等制作，也有使用贵重金属的，如陕西扶风法门寺的佛指舍利就是安放在一个纯金塔里的（图3–32）。

图 3–32　陕西扶风法门寺供奉佛指舍利的金塔

2. 佛龛

佛龛，是供奉佛像的地方。佛经上说，须弥山有龛室无量，其中无数化佛。所以佛教以龛的形式供奉佛像。佛龛有两种：一种是在岩壁、墙壁上凿成的放置佛像的小洞。一种是木制或石制柜橱式的器具，里面供奉佛像，有的还带有门扉（图 3–33、图 3–34）。

图 3-33 安徽九华山万佛龛

图 3-34 精致的木雕佛龛

3. 经箱、经橱

存放佛经的器具。佛经有“册子本”和“卷子本”两种基本形式，卷子本又分竹制、布制两种。经箱多用来存放卷子本，而经橱多用来存放册子本。早期寺院多用经箱，现在的寺院多用经橱了（图 3-35）。

图 3-35 北京智化寺的金丝楠木八角经橱

五、携行器

携行器又称为“随身具”，即僧人随身所持的法物和日常生活用品。常见的携行器主要有钵、净瓶、漉水囊、念珠、锡杖、拄杖、拂尘、如意、禅杖、禅鞠、禅镇、香板等。

1. 钵

钵是梵文音译“钵多罗”的简称，佛教中也称“应法器”“应量器”，即僧人乞食化斋的食器。其形状与民间所使用的碗大同小异，为陶制或铁制（图 3–36）。在佛教戒律中，石钵是佛钵，只有释迦牟尼才能使用，其他人是不能用石钵的。僧人所持之钵，要伴其一生，不能毁坏，故护持钵当如护持自己的眼睛一般，应常以澡豆洗净，除去垢腻；若不小心损坏，也不能用新钵，而是用规定的五种方法修补，即成为“五缀钵”。僧人如果到其他寺院挂单，除了要有证明僧人身份的“戒牒”以外，还要衣钵齐备。禅宗师徒传法的时候，常以交付衣钵为信物，故有“衣钵相传”之说。现在，汉传佛教寺院里的僧人，多在斋堂用餐，一样使用碗筷，很少外出行脚乞食了。所以，钵在实际上多已成为只带有象征意义的法器。

图3–36 钵

2. 净瓶

净瓶是比丘游方时随身携带的生活用具，用于储水，以便饮用和洒净。净瓶多为陶瓷或金属材质，底高颈长，周身镂刻花纹。净瓶分为净水瓶和浊水瓶两种，陶瓷的净瓶盛净水，以备非常之时饮用；金属净瓶盛浊水，在洗漱洒净时使用。净水瓶必须洗净手后才能拿用，所以必须要存放于干净的地方。浊水瓶则是随手可拿的，可以任意放置，便于取用即可。为了携带方便，净瓶一般都装在瓶袋里。

3. 漉水囊

漉水囊，又称滤水袋、滤囊、水罗等，是为了保护水中生物而携带的护生用具。佛教以慈悲为怀，严禁杀生，即使是水中微小的生物也不能伤害，所以僧人在寺院或外出时，在取水之前，必须先用漉水囊进行过滤，使水中的小生物得以放生。在寺院中使用的漉水囊，制作工艺比较复杂，先将绢布缝成网袋形状，再在网袋的两角附上带子，两侧附上轮子，用一根一尺六寸的木棒把它撑开。使用时，把漉水囊的两端挂在立柱上，下置接水盆，向内注水。使用之后，还要把漉水囊放回水中，轻轻摆动，以使沾在绢布上的小虫重新回到水里。僧人外出游方，可作勺形洒袋用于滤水，若是没有带滤水的东西，就要用衣角来过滤。现在，寺院大都用上了自来水，漉水囊也就不再使用了。

4. 念珠

念珠，又称“数珠”“诵珠”“捻珠”，是寺僧或居士在念佛诵经时用来计数的法物。僧人一边念佛号一边数珠，也有集中精力的作用（图 3–37）。念珠多为香木制成，也有珊瑚、玛瑙、玉石、水晶、琥珀等贵重材料制作的。念珠的颗粒，通常有 27 颗、54 颗、108 颗、1080 颗之分，颗数越多，品级越高。僧众通常所用的是 108 颗的念珠，据说捻数一遍可断除 108 种烦恼。念珠的捻

图 3–37　手持念珠的山西五台山游僧

法也是有规定的，将念珠展开后，用右手四指在下托住珠子，从母珠左边的一颗开始，一句一珠，循序向下，当捻到母珠时，应返回倒捻，绝不可越过母珠。因为在佛教中，母珠代表佛陀，线绳贯穿代表观音，越过母珠相当于犯了“蓦过越法罪”。

5. 锡杖、拄杖

锡杖，又称“声杖”“德杖”“智杖”等，是僧人行走于道时手持的法物（图 3–38）。锡杖顶部十分华美，有轮、环等装饰，轮有单轮、双轮之分，环有 6 ～ 12 个不等。摇动锡杖时，轮环相撞，发出“锡锡”的响声。一些高僧使用的锡杖，还有金银饰物。锡杖的作用，除了借以扶身之外，还可以用于在山林行走时驱逐蛇犬、外出乞食时振锡化缘等。如今僧人很少有振锡出行的了，锡杖和钵一样，都成为具有象征意义的法器，以彰显佛法的智慧与威仪。当寺院举行大型佛事活动时，寺院住持以及外来高僧往往还要使用锡杖，以显示庄严。

图 3–38 陕西扶风法门寺出土的锡杖

拄杖，是比锡杖简易的手杖，与民间所用没有多少区别，多为一些老年僧人在日常生活中使用。为了符合佛家艰苦修行的要求，拄杖一般只用粗壮坚实的树枝制作，不多加雕饰。有的高僧使用龙头拄杖（图 3–39）。

图 3–39 山西五台山高僧所持的龙头拄杖

6. 拂尘

俗称“拂子”，用以驱赶蚊虫的工具（图3-40）。寺院使用的拂尘多为麻、羊毛制成，不能使用牛尾、马尾等。在寺院里，拂尘的作用不仅是驱赶蚊虫，也是一种庄严具，一般只有寺院高层管理人员使用。住持上堂说法，要手持拂尘，称为“秉拂”；代理住持上堂的，称为“秉拂人”。

图 3-40 拂尘

7. 如意

如意，梵文音为“阿那律”，原为古印度的爪杖，用骨、角、竹、木等制成，是用来搔背止痒的工具。其形状为弯曲似云的长条形，柄长二至三尺，缀以穗头，顶端为手部屈指形。人们对背部搔痒，自我不易，有此用具则十分方便，而且十分舒服，所以我国民间称为“如意”。后来，人们取吉祥如意之意，在上面刻录文字、描绘图案、雕凿修饰，使之衍变成一种具有象征意义的工艺品。其制作材料也出现了金属的、玉石的，甚至象牙的，形状亦稍有变化：头部多为灵芝形、云叶形；柄稍粗，弯曲如云状（图3-41）。这种如意，已不再强调它的搔痒实用功能，只强调它的象征意义了。寺院中，为了表示对佛陀的尊重，一般要在佛像前的供桌上摆放如意，和拂尘一样，实际上成了庄严具，显示威仪，象征吉祥。

图 3-41 如意

8. 禅杖、禅鞠、禅镇

禅杖、禅鞠、禅镇，都是在禅堂上用来警醒打瞌睡的或精力不集中的僧人的用具。

禅杖，是用竹竿或苇竿制成的细棍，顶端包有软布，由专人手持在禅堂巡视，发现有打瞌睡的或精力不集中的僧人，就用禅杖轻击其身，予以提醒。

禅鞠，又称禅毬，是一种毛制小球，发现有打瞌睡的或精力不集中的僧人时，就以此球掷击之，令其警醒。

禅镇，是僧人用来自我警醒的用具，以木片制成，形状似笏。坐禅僧人将其顶在头上，如因瞌睡或精力不集中而摇头晃脑，禅镇就会落下，以警醒僧人。

9. 香板

图 3-42　香板

香板是维持寺院清规、惩罚犯错僧人的戒具，也有警策修行、督勉行进的作用。香板由木板制成，形状似宝剑，一般长约四尺二寸，上幅稍宽，手柄是圆形的，便于持握（图 3-42）。在寺院里，只有住持和“四大班首”、主要执事才有资格使用香板。警策的方法，先用香板轻拍瞌睡、怠惰者右肩，以示警告；若不醒觉，再重击予以惩戒。冬天所用的香板，一般为硬木制成，以防僧众所穿衣物太厚，打在身上毫无感觉，起不到警策的作用；夏天用的香板多用软木制作，以防僧众所穿衣物太薄，容易把人打伤。如今寺院里虽然仍置有香板，但不用来惩罚僧人了，只是一种起警示性作用的法器。

六、僧服

僧服，也称“衲衣”“法衣”。佛教对僧人的服装有严格的要求，主要是“不用上色”和必须“坏色”。所谓“不用上色”，是指避免用赤、黄、青、白、黑五种纯色，要用杂色；所谓“坏色”，是指新衣必须点上另一种颜色以破坏衣色的整齐。这种规定主要是为了让僧人知道，穿衣要简朴，不能追求奢华，要警惕贪欲的增长，一心一意励志修行。

佛教传入我国后，汉传佛教寺院僧人的服装颜色是有变化的。据有关史料可知，东晋时候僧人穿的是“缁衣”（一种浅灰色）；明代时候，才由朝廷统一规定，僧人法衣为茶褐色、红褐色，常服为褐、黄、黑、灰四色（图 3–43、图 3–44）。

僧服为什么又叫“衲衣”呢？衲衣，即“百衲衣”，又叫“粪扫衣”“功德衣”，意思是僧人穿的衣服是用碎布拼成的旧衣。唐代高僧慧琳在所著的《一切经音义》中解释说，僧人常拾取人间所舍弃的粪扫物（即垃圾）中的破布，于河涧中洗净，补衲成衣。这样做既是为了减轻施主的负担，也令僧人时时警惕贪心的滋生。

图 3–43　身着茶褐色、黄色僧衣的僧人

图 3–44　身着红褐色僧衣的藏传佛教僧人

可见追求简朴是僧服的主要特点。

衲衣分为大、中、小三种：一种是用五条布缝制的小衣，俗称“五衣”，是僧人劳作时穿的；一种是用七条布缝制的中衣，俗称“七衣”，是僧人平时穿的；一种是用九条乃至二十五条布缝制的大衣，也叫“祖衣”，是佛家礼服，只在重大佛事活动或拜见尊长时才穿。

通常人们所说的“袈裟”，也是对僧服的一种称法。袈裟本来是一种颜色的名称，是红黄两色的混合色，即今人所称的橙色。因为僧人必须穿染衣，而且不能用上色，必须用杂色，橙色属于杂色，故以袈裟称之。袈裟又称“掩衣”“水田衣”“稻畦披”等，因为袈裟的穿法是覆左膊而掩右腋，住持所穿的袈裟上面有长方形格子图案，所以有了这些称法。

僧人在天寒时会在袈裟里面再穿常服。常服的颜色是有规定的，修禅僧人常服颜色为茶褐色，讲经僧人为蓝色，律宗僧人为黑色。

随着社会的进步和人们生活水平的提高，如今僧人的服装也比古时有了改进。现在的比丘、比丘尼服装的质料比以前好多了，多为纯棉布或化纤布。寺院住持所穿的袈裟，更是庄严华丽。当今如果要求僧人们仍然到垃圾里拣破布做僧衣，显然是不近情理的事情了。现在对寺院僧人的外衣，也有一定规定，对里面的衣服大多不再严格限制了，但僧人们依然不会穿色彩艳丽的服饰。

第四章　寺院制度与禁忌

寺院不分大小，都有严格的制度，所有比丘、比丘尼都必须按照寺院的规定生活。如此，寺院里无论是举行佛事活动还是僧人日常饮食起居，才能够有条不紊，秩序井然。寺院制度涉及方面很广，以下只简要介绍几例。

一、寺院僧职

在寺院所有制度中，最重要的是人事制度，所谓“法赖人弘”就形象地说明了人在佛教中的重要作用。所以，每个寺院都有一套等级严格的人事安排，以保持寺院工作和生活有秩序地运转。寺院僧职的设置，汉传佛教寺院、藏传佛教寺院、南传佛教寺院各不相同，大体情况如下。

1. 汉传佛教寺院的僧职设置

佛教传入我国以后，在唐代以前，寺院管理层只有上座（一寺之长）、寺主（主管一寺教务）、维那（主管僧众庶务）三职，称为“三纲”。禅宗建立以后，寺院管理制度逐渐完善起来，管理职能的分工也越来越明细具体。元代时候，朝廷颁布的《敕修百丈清规》对僧职作了更全面的规定，具体如下：

住持　一寺之长。“住持”的本意，是指久住护持佛法之人。因为寺院住持居住的地方称“方丈”，所以有规模较大或地位较显赫的寺院方丈也称方丈。

西序头首（六职或五职）：

首座　寺院禅僧的统领者，由学德兼优的僧人担任，在僧众中要起表率作用，有的时候可以代替住持说话。在僧堂上，首座有自己的固定位置，分前堂首座和后堂首座。

书记　也称记室，负责寺院的各种文字工作。

知藏　也称藏主，负责寺院佛经和图书的管理工作。

知客　也称客司，负责接待客人的工作。

知浴 负责寺院浴室和僧人洗浴工作。

知殿 负责管理寺院各大殿的灯、香以及清洁工作。

东序知事（六职或五职、四职）：

都监寺 也称都总、都管，是寺院行政事务的最高负责人。

监院 也称监寺、院主，是管理寺院内部日常事务的负责人。有的寺院只设都监寺，不设监院，有的二者皆设。

维那 负责寺院僧众的进退威仪，维持寺院的日常秩序。

副寺 也称库头，协助都监寺管理寺院财务，分为上副寺、下副寺两级。

典座 负责管理寺院伙食、住宿安排等。

直岁 负责寺院房屋修缮等寺内劳务。

以上是寺院的常见僧职，各寺院根据自己的规模和实际情况，不一定全部设立，但主要职位如住持、首座、都监寺等是必须设立的。规模大的寺院，除了以上僧职齐备以外，还有“列职杂务”，即更细的工作分工。一般有管理住宿等杂务的寮元，管理寺院清洁卫生工作的净头，以及钟头、鼓头、水头、炭头、磨头、园头等。

2. 藏传佛教寺院的僧职设置

藏传佛教特别讲求仪规，内部管理与组织也十分严密。佛寺中不仅有总管，还设有分管法纪、学经、诵经、辩论、考试等方面的专职喇嘛。各宗派都有自己的僧职体系，比较复杂。这里只以比较有代表性的格鲁派为例简单介绍。

藏传佛教格鲁派的代表寺院有西藏拉萨哲蚌寺、色拉寺、达孜甘丹寺，西藏日喀则扎什伦布寺，青海湟中塔尔寺，甘肃夏河拉卜楞寺六大寺院（图 4–1、图 4–2）。

格鲁派寺院设立的僧职主要有：

赤巴 也称法台或总法台，是全寺一切宗教事务的总管。赤巴的宝座设在大经堂内，在藏传佛教中，大经堂是寺院最高权力机构。

措钦夏奥 负责全寺僧纪纠察及执行清规戒律等职责。

措钦翁则 负责僧众集体诵经功课。

图 4–1　西藏日喀则扎什伦布寺

图 4–2　青海湟中塔尔寺

措钦吉瓦 负责全寺财务及后勤工作。

堪布 是寺院二级机构扎仓(学院)的负责人,负责本扎仓(学院)的全面工作。

格贵 负责本扎仓(学院)僧众名册和纪律。

雄赖巴 负责本扎仓(学院)内的学经工作。

强佐 负责本扎仓(学院)的财务和后勤工作。

一些规模较小的格鲁派寺院,就不再设两级职位了,比如只设堪布、格贵等。

自2010年11月1日起,我国开始实施《藏传佛教寺庙管理办法》(以下简称《办法》)。根据该《办法》第八条规定,寺庙应当通过协商成立民主管理组织。藏传佛教寺庙开始出现寺管会(其全称为寺庙民主管理委员会),是寺庙的民主管理组织,管理寺庙的各项事务。

3. 南传佛教寺院的僧职设置

南传佛教寺院的僧职,是按照行政区划分的。在云南傣族地区,佛教最高领袖是松迪阿伽摩尼(即大僧正长老),其下为松迪(僧正长老),帕召祜(阐教长老),僧伽罗阇(僧王、僧主长老),沙密(沙门统长老),祜巴(都统长老),都(比丘),帕(沙弥)。

二、寺院体制

寺院体制，即寺院在运行、管理、修持等层面的组织制度和规章体系。我国汉传佛教寺院的管理体制常见有十方丛林制、子孙庙制、董事会制三种。

1. 十方丛林制

十方丛林，也称十方寺院。这种寺院，建寺的目的是为游方僧人设立的，可供十方僧人居住修行（图 4–3）。凡来寺的僧人，一律免费提供食宿，离开时，如缺乏川资，寺院还负责周济。十方丛林中担任寺院最高负责人的住持，是由游方僧人选举产生的，任期半年，可以连选连任。寺院的财产为僧团公有，不是私人财产。如山西五台山碧山寺就是国内外著名的十方丛林。该寺常年居住十方僧人 300 多人，寺院不仅经营农业，

图 4–3　“十方丛林”代表——云南昆明筇竹寺

还通过经营工商业、接受布施等扩大经济来源。

2. 子孙庙制

子孙庙寺院的住持，只能由本寺出家僧人担任，非本寺僧人，不管在该寺居住了多久，都无权过问寺务。寺院财产为该寺僧团共有，只能由该寺僧人继承。子孙庙寺院一般规模比较小，收入主要依靠接受布施。寺院僧人之间的师徒关系，如同世俗间关系。

3. 董事会制

这是我国当代新兴的一种寺院管理体制，特别是在经济比较发达的香港特别行政区、台湾地区，这种管理体制比较多见。寺院住持是寺院事务的最高负责人，但寺院财产属于董事会所有，寺院重大建设等财务投入，由董事会决定。

三、寺院清规

这里主要介绍汉传佛教寺院清规。

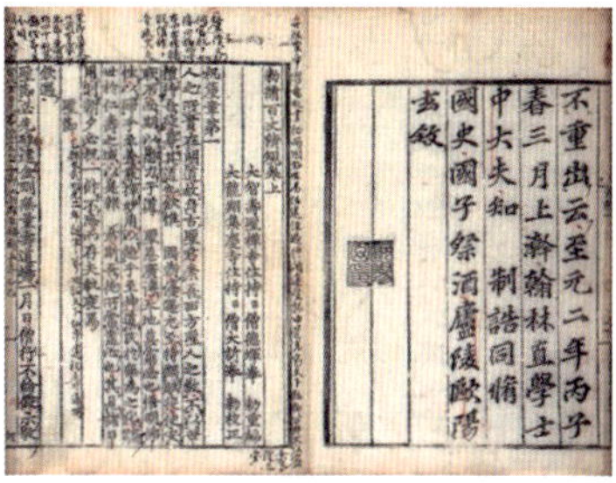
不重出云至元二年丙子
春三月上澣翰林直學士
中大夫知制誥同脩
國史國子祭酒廬陵歐陽
玄敍

图 4–4　《敕修百丈清规》书影

我国汉传佛教寺院，自唐代禅宗兴起以来，重要清规有以下三部：一是唐代的《禅门规式》，二是北宋的《禅苑清规》，三是元代的《敕修百丈清规》（图 4–4）。

《敕修百丈清规》是元顺帝于至元元年（1335）敕命江西百丈山的住持德辉禅师编修的。德辉禅师吸收了此前历代寺院清规的可取之处，精心编修了这部清规。这部寺院清规，是一部最完整、最权威的寺院清规。自元代之后，我国汉传佛教寺院的寺规基本上是依据《敕修百丈清规》制定的。

《敕修百丈清规》计八卷九章，内容涉及寺院方方面面，十分复杂周到，难以在此一一介绍。这里只介绍几点常识性的寺院清规。

1. 寺院戒律

佛教要求修行者要以一定的戒律来约束自己，磨砺自己的身心，这样才能解除烦恼，达到觉悟解脱的境界。佛门戒律有很多，其中，最基本的是“五戒”和“八戒”。所谓“五戒”，即一不杀生，二不偷盗，三不邪淫，四不妄语，五不饮酒。所谓“八戒”，即在五戒的基础上再增加三戒：一不装饰香华蔓，不使用香油涂身，不视听歌舞；二不睡、不坐高广大床；三不食非时食。“五戒”中的一、二、三、五条比较容易理解，第四条中的“妄语”，是指不知言知，不见言见，不觉言觉，不闻言闻，闻言不闻等。不妄语，就是不能随便乱说话，不仅自己不能乱说，对别人的胡言也不能赞同、默认。第六戒的“装饰华蔓”“香油涂身”是古印度人的生活习俗，即装饰居室和化妆打扮。第七戒中所说的“床”，不仅是指睡觉的卧具床，还包括坐具，如禅座、板凳等。僧人的卧具和坐具必须简单朴素。以上两条，都是为了让僧人减少物质享受，以便追求精神解脱。第八戒的规定，要求僧人过了正午之后不能再进食，这是古印度宗教的规定，据说这样可以身心清爽，杂念妄想会减少。关于第八戒，寺院一般掌握比较灵活，如有的僧人生病时，是可以在正午之后的“非食时”补充营养的。

出家的比丘、比丘尼，7 ~ 20 岁的要受“沙弥戒”。沙弥戒的规定，是在八戒的基础上将第六戒分成两戒，即分为“不着华蔓，不香油涂身”和“不视听歌舞”两条，另外增加第十戒“不蓄金银宝物”。增加这一条的意义，也是为了使僧人戒除贪欲，专心修行。当比丘、比丘尼年满 20 岁时，要受“具足戒”。所谓具足戒，就是“具备充足的戒条”。具足戒戒条繁多，如我国汉传佛教寺院的具足戒施行的是《四分律》，规定比丘二百五十戒，比丘尼三百四十八戒；藏传佛教规定僧人二百五十三戒；南传佛教规定比丘二百二十七戒，比丘尼三百一十一戒。由于条目繁多，这里就不一一列举了。

僧人受戒时要举行隆重的仪式。仪式由放戒的寺院在戒坛殿举行，寺院高僧亲自为僧人放戒，时间少则几天，多则数月。我国有三大著名戒坛，分别位于北京戒台寺、福建泉州开元寺（图 4–5）、浙江杭州昭庆寺。另外，江苏宝华山隆昌寺、福建福州涌泉寺等也是著名的放戒寺院。

图 4–5 福建泉州开元寺戒坛

旧时，汉传佛教寺院僧人受戒时，有在头顶上烧香疤的习惯。1983 年 12 月，中国佛教协会理事扩大会议作出《关于汉族佛教寺庙剃度传戒问题的决议》，认为这种烧香疤的习惯“并非佛教原有的仪制，因有损身体健康，今后一律废止”，所以，现寺院僧人已基本不再烧香疤了。

2. 素食制度

我国汉传佛教寺院要求僧尼一律吃素。这项规定其实并不是佛教教义本身规定的，而是佛教传到中国后，在南朝梁武帝时才开始施行的。素食制度之本意，既是为了彻底执行“不杀生”的戒律，也是为了让僧尼保持简朴的生活习惯，清心寡欲，笃志修行。我国藏传佛教寺院没有不能肉食的规定。南传佛教的僧人也不排除肉食。另外，在寺院里不能吃葱、蒜、韭、薤、兴渠等有强烈气味的食物，即佛经中规定的当断世间五种辛菜。

3. 作息制度

寺院僧人过的是集体生活，所以作息时间是统一的。起床、盥洗、用斋、诵经、劳作、洗浴、睡觉等都按寺院号令执行（图4–6）。寺僧不得擅自外出，外出者要按时返回寺院。

图4–6　在斋堂等待用斋的僧人

四、寺院禁忌

1. 一般寺院禁忌

人们到寺院行香或参观时，一定要遵守寺规，尊重僧众，以下几点尤其要注意：

在寺院里不要喧哗、吵闹、吸烟、饮酒；不能乱动寺院法器，不能毁坏寺院公物，不能脚踢或攀爬经幢、宝鼎等。进入大殿时，不要踩踏大殿门槛，行香和礼拜佛像时要有秩序，不要抢先、拥挤，不要踩踏跪拜座垫，不要触摸供台供品。寺院的钟、鼓、磬等法器不能随便撞击。一般寺院不允许在大殿内拍照，特别是举行佛事活动时更不允许拍照；特殊情况需要拍照时，应征得寺院管理人员同意。不能在寺院举行佛事活动时穿越僧人队伍，僧人诵经时不能打扰僧人或与之交谈。与僧尼交谈时要有礼貌，不要谈论佛门不宜的话题。寺院举行重大法会等佛事活动时，要保持肃敬，不能嬉戏或乱发议论。未经允许，不要进入寺院僧尼生活区和其他不对外开放的区域。要注意保持寺院卫生，不能乱扔废纸废物，不能随地吐痰。

2. 藏传佛教寺院的特殊禁忌

人们到藏传佛教寺院礼拜、参访时，除了要像在汉传佛教寺院那样遵守佛门清规外，还要尊重少数民族的生活习惯，特别要事先了解好该寺院所属宗派。除了要像在一般寺院那样注意禁忌之外，还有一些特殊禁忌。比如：

寺院殿堂里的经典不能随便挪动，更不能放在座凳、座垫上。佛殿里的各种法器、供品，不仅不能乱动，也不能靠近喘气，使之受污。在喇嘛诵经或集体行动时，不能瞪着眼直视喇嘛的脸。

在寺院里不能谈论与佛教有关的文物生意，更不能买卖寺院文物。与寺院高僧大德接触时要敬献哈达，哈达只能献在高僧手中，不要直接挂到他们的脖子上。在绕佛塔时，不要拥挤，必须按顺时针方向绕行，不能取用塔上的任何供品；不能打开手中转经筒的筒盖，不能逆时针方向转动（图 4–7）。不能携带佛像、佛经等法物上洗手间。

图 4–7　青海湟中塔尔寺的转经廊（人们按顺时针方向转经）

藏传佛教的密宗寺院讲究戒律的神圣性，未获密乘灌顶的人不能翻阅密宗经典，更不能翻阅密宗身像示意图。有的密宗寺院，不允许女性进入殿堂或护法神殿，尤其不能观看护法神的隐秘部位。密宗寺院的特殊法器（如念珠、法鼓、法号等）决不允许持拿，也不能有不敬之言。

第五章　名寺概览

北京潭柘寺

潭柘寺位于北京市门头沟区东南部的宝珠峰南麓，因山有龙潭和柘树，又名“潭柘山”，因而寺随山名称“潭柘寺”。作为潭柘寺名称起源的龙潭，位于寺后面的集云峰上，山间林木葱郁，奇花异草遍地。山上有一座围有栏杆的水池即龙泉，池中泉水涓涓不绝，清澈见底，水质甘甜清冽。寺院中的柘树，是一种罕见的树种，该树浑身是宝，据说可治疗多种疾病，因此人们不断来此剥皮挖根，致使柘树险些绝种。1949 年后，人民政府采取了有力的保护措施，使这宝贵的树种得以保存下来，作为名寺应景之物，供人们观赏。

潭柘寺历史悠久，民间有“先有潭柘寺，后有幽州城”之说，这意味着潭柘寺的历史比北京城还要早。潭柘寺前身是西晋时期（265—316）的“嘉福寺”，北京城最早的基础是唐代的幽州城，若以此而论，此说也算成立。该寺在唐、金、元、明各代多次易名，正名叫什么人们似乎不太在乎了，而俗名“潭柘寺”一直流传下来。不知道的人，反而认为潭柘寺就是正名了。

潭柘寺是北京郊区规模最大的寺院。全寺因山而建，前后左右有回龙、虎踞、捧日、紫翠、集云、璎珞、架月、象王、莲花九座山峰，如众星捧月般围绕。庙宇建筑与门外环境用地计 13.4 公顷，共有房屋 999 间半。紫禁城内皇宫房间的总数是 9999 间半，潭柘寺为其十分之一，有一定品级的含意。寺庙内外，古木参天，寺前流水淙淙，僧塔如林，修竹成荫。寺院坐北朝南，寺内殿堂逐步升级而上，参差错落，层层排列，建筑精美，四周有高大围墙环绕。全寺建筑布局可分为三大部分，主要建筑全都集中在南北中轴线上。中轴线最南面是一座巨大木牌楼，顶覆黄琉璃瓦，檐下饰有斗拱，前额上书金字“翠嶂丹泉”，后额书“香林净土”，二者皆为清康熙皇帝御笔。牌楼前有古松二株，形状十分奇特，在离地 3 米多高处，相互搭绕，枝叶掩映，犹如一顶绿色天棚，遮阳蔽日。山门前还有一单孔石拱桥，横跨在深涧之上，名叫“怀远桥”。过桥即为山门，砖石结构，歇山顶，面阔三间，开有券门三座，券脸均为汉白玉石雕花，明间上正中悬匾额，上为康熙皇帝御笔“敕建岫云禅寺”。“岫云禅寺”是该寺最后一个正名（图5-1）。

图 5-1　北京潭柘寺山门

进山门后，迎面为天王殿，面阔三间，绿琉璃歇山顶，檐下装饰斗拱，大殿内供奉一尊高约 3 米的巨大彩塑弥勒佛像。天王殿前两旁为钟楼和鼓楼。天王殿的廊子里还有潭柘寺一宝，是一条长约 1 米重达 150 千克的石雕大鱼。这鱼远看似铜，击之能发出清脆乐音。据专家分析，此石是一块含铜量较高的陨石。

大雄宝殿是全寺的中心建筑，面阔五间，重檐庑殿顶，黄琉璃瓦绿剪边，上下檐均饰有斗拱。上下檐明间部位悬挂着金字大匾，上檐为“大雄宝殿”四字，下檐为“福海珠轮”，系清乾隆皇帝所书。清代帝王为寺庙题写的匾额很多，但一座大殿同时悬两位皇帝题写的匾额也不多见。殿前有宽大月台，四周绕以石栏，有汉白玉石垂带踏步可供上下。正脊两端各有一巨型碧绿琉璃鸱吻，各系以金光闪闪的镏金长链。鸱吻是作为镇物出现的，传说为龙生九子之一，属水，克火，放置于屋脊，可免火灾。据说康熙皇帝初来潭柘寺时，在马上看到鸱吻跃跃欲动，大有破空飞走之势，于是命人打造金链子将它锁住。鸱吻色彩鲜艳，形象生动自然，传为元代遗物。这种古代饰件现在北京地区比较罕见。大殿内正中供奉佛陀释迦牟尼像，神情祥和，仪态端庄。左右两侧分别立有阿难、迦叶像。三座佛像雕刻精美，木质漆金，为清代遗物。

大雄宝殿后是三圣殿，殿两侧有两株巨大而有气势的银杏树，东边一株高达 30 米，树冠浓荫遮盖大半庭院，树干需几人合抱才能围拢，相传为辽代所种，距今已有千年，仍枝叶繁茂，生机盎然。据说这株树在康熙皇帝来潭柘寺时忽然新生出一个侧枝，似在表示欢迎、庆贺之意。后来乾隆皇帝听说了，便下诏将这株树命名为“帝王树”。西侧与它对称的一株叫“配王树”。中路松树特别粗大，高入云霄。中轴线的终点是一座楼阁式建筑，名为毗卢阁，山墙的两侧有台阶直通上一层。下层室内有木质漆金菩萨五尊，均带有背光。殿内悬有乾隆皇帝手书巨匾“圆灵宝镜”。

寺院东部是由庭院式建筑组成的方丈院和清代皇帝行宫，主要建筑有万岁宫、太后宫。绿瓦红栏，曲径假山，茂林修竹，小桥流水，颇有江南园林意境，与中路钟磬常鸣、香烟缭绕、雄伟庄严的佛殿香堂建筑形成鲜明对比。东跨院东套间内有一口大铜锅，锅口直径 4 米，锅深 2 米，一般人站进去露不出头来。煮一次粥，用米 10 担，需 16 小时才能煮熟。可见潭柘寺僧人之多。

寺院西部院落的主要建筑为戒坛和观音殿等。观音殿是全寺最高处，面阔三间，黄琉璃瓦歇山顶，檐下装饰有斗拱，廊下悬挂一块金字横匾，上为乾隆皇帝手书“莲界慈航”四字。大殿内供奉观音菩萨，敛目合十，隽秀端庄。

寺前塔院内有各式墓塔 70 余座，其建筑年代从辽、

图 5-2　北京潭柘寺塔林中的墓塔

金、元至明、清，各代均有（图 5–2）。其中建于金天眷年间（1138—1140）的海云禅师塔、建于金大定年间（1161—1189）的通理禅师塔尤为有名。塔林中还有三座外国高僧塔，一座是建于明宣德四年（1429）的日本僧人德始舍利塔，另两座分别是印度僧人底哇答思和道源，皆建于明代。这几座外国僧人圆寂北京的墓塔，正是中外友好交往的体现。塔院四周密林护绕，绿荫浓深，环境清幽，别有一番天地。潭柘寺塔林是我国塔林中数量较多的一处，颇为珍贵，可谓“北京第一塔林”。

2001 年，潭柘寺被国务院公布为第五批全国重点文物保护单位。

北京法源寺

法源寺位于北京宣武门外教子胡同南端东侧，它不仅是北京城内现存历史最悠久的古刹，也是中国佛学院、中国佛教图书文物馆所在地，还是培养青年僧侣和研究佛教文化的重要场所。

法源寺始建于唐朝，初名“悯忠寺”，至今已有1300多年历史。贞观十九年（645），唐太宗李世民为哀悼北征辽东的阵亡将士，诏令在此立寺纪念，至武则天万岁通天元年（696）工程才完成，赐名“悯忠寺”。安史之乱时，其一度改称“顺天寺”，平乱后恢复“悯忠寺”名称。唐末景福年间（892—893），幽州卢龙军节度使李匡威对其重加修整，并增建“悯忠阁”。辽清宁三年（1057），幽州大地震时，悯忠寺被毁。辽咸雍六年（1070）奉诏修复后，又改称“大悯忠寺”，从而形成今天的规模和格局。明朝正统二年（1437），寺僧相璐法师募资对其进行了修缮，易名为“崇福寺”。

清代朝廷崇戒律，在此设戒坛。雍正十二年（1734），该寺被定为律宗寺庙，传戒法事，正式更名为“法源寺”，并一直沿用至今。乾隆四十三年（1778），法源寺应诏再次整修，竣工后乾隆皇帝亲自来到法源寺，御书“法海真源”匾额赐寺，此匾至今仍悬挂在大雄宝殿上。乾隆皇帝还在寺内写下了“最古燕京寺，由来称悯忠”的诗句。“法海真源”的意义即千条万条戒律、戒条都是“流”，内心存诚才是“源”。“法”通指包括佛教教义在内的一切事物。弘扬佛教，追本溯源的话，就首先要抓住律学。从此匾中可看出法源寺作为佛教律宗寺庙的重要地位。

法源寺占地面积6700平方米，建筑规模宏大，结构严谨，采用中轴对称格局，由南至北依次有山门、钟鼓楼、天王殿、大雄宝殿、悯忠台、净业堂、无量殿、大悲坛、藏经阁、大遍觉堂、东西廊庑等，共七进六院，布局严谨，宽阔广大，是北京城内保存下来的历史最为悠久的古寺庙建筑群。

天王殿内正中供奉着明代制作的弥勒佛化身布袋和尚铜像，高 1.12 米，袒胸露怀，欢天喜地。弥勒佛背后是明代铜铸的护法神韦驮菩萨坐像，高 1.7 米，勇猛威严，极有震慑力。两侧是明代铜铸四大天王像，皆高 1.2 米，十分珍贵。大雄宝殿正中供奉“华严三圣”，即毗卢遮那佛、文殊菩萨和普贤菩萨，为明代制作，木胎贴金罩漆。正中是毗卢遮那佛，像高 2 米，连须弥座在内通高 3.97 米。文殊菩萨、普贤菩萨分立两旁，像高 2.14 米。这三尊塑像，妙相庄严，塑制精美，在明代塑像中可推上乘。大殿两侧为十八罗汉坐像，像高约 1.35 米，木胎贴金，为清朝制作。大殿中迤南两青石柱基，作卷叶莲瓣，专家初步认定是唐初建寺时原物。

悯忠台，一名“念佛台”，又称“观音殿”。台基高 1 米多，周围护以砖栏，殿堂建于台上，气势十分雄伟，前人有“悯忠高阁，去天一握”之赞辞。此殿结构独特，外墙以 12 柱为架，室内以 12 柱支撑，式样与故宫御花园万春亭相同。这里保存着法源寺的历代石刻、经幢等，以唐《无垢净光宝塔颂》《悯忠寺藏舍利记》《承进等为荐福禅师造陀罗尼经幢》、辽代《燕京大悯忠寺菩萨地宫舍利函记》最为珍贵。殿外山墙还嵌有清代翁方纲复制的唐“云麾将军碑”残柱基，另有《法源八咏》及《心经》等碑刻，是研究佛学和法源寺历史的重要资料。净业堂前有一巨大石钵，双层石座，周围雕海水花纹和山龙、海马及八宝等形象，雕刻极为精美，几可与北海团城的渎山大玉海媲美（图 5–3、图 5–4）。净业堂内供奉一尊明代铜制毗卢遮那佛像，高 4.58 米，几及屋顶。

大悲坛是一座佛教文物宫殿，这里陈列着历代佛像、石刻等艺术珍品：有中国最早的佛像——东汉时代的陶佛坐像，有东吴时代的陶魂瓶、北齐石造像、唐石佛像、五代铁铸像、宋木雕罗汉、元铜铸观音、明木雕伏虎罗汉等，都是国家珍贵文物。最后一进殿堂是藏经阁，阁内珍藏明清时期所刻藏经。

法源寺在历史上久负盛名。宋钦宗赵桓被金兵俘虏北上，就曾被囚居在这里。元至元二十六年（1289），宋遗臣谢枋得抗元失败后被元军所俘，押至大都（今北京），拒不降元，在此寺绝食身亡。当代著名作家李敖以中国近代史戊戌变法为背景创作的长篇小说《北京法源寺》，名噪一时，法源寺也因此更加受到社会各界瞩目。

2001 年，法源寺被国务院公布为第五批全国重点文物保护单位。

图 5-3　北京法源寺巨石钵

图 5-4　北京法源寺巨石钵上的精美雕刻

北京碧云寺

碧云寺位于北京市海淀区香山公园北侧，西山余脉聚宝山东麓，是一组布局紧凑、保存完好的园林式寺庙。该寺创建于元至顺二年（1331），至今已有600多年历史。相传此地原为金章宗玩景楼旧址，本名“碧云庵”。明武宗正德十一年（1516），以佞幸得宠的御马监太监于经，利用税收和开皇店所得钱财扩建了碧云寺，并立冢于寺后。后来于经下狱病死，葬身碧云寺的打算落空。明熹宗天启三年（1623），魏忠贤也看中这块宝地，再度扩建碧云寺，又在于经墓址加工扩建，准备作为自己死后墓地。数年后，魏忠贤也获罪，墓遂废。但经过这两次扩建，富有明代建筑特点的碧云寺业已成形。清乾隆十二年（1747），碧云寺再度进行了大规模的修建，在保存原有寺院的基础上，又在寺后新建金刚宝座塔，在寺右增建罗汉堂，寺左新建行宫院。由于对原有建筑无较大变动，因此该寺建筑基本保留了明代风格。

碧云寺坐西朝东，依山势而建。整个寺院以排列在中轴线上的六进院落为主体，南北各配一组院落。院落采用各自封闭建筑手法，层层殿堂依山叠起，300多级阶梯，穿插其间。因寺院依山势逐渐高起，为不使总体布局暴露无遗，故而采用回旋串联的布局形式。每进院落各具特色，给人以层出不穷之感。整个寺院，由山门至寺后石塔，高度相差达100余米。

碧云寺山门前有石桥一座，紧靠山门是一对石狮子蹲坐于须弥座上，身躯瘦长，威武如生。据传石狮为魏忠贤所造，是极有艺术价值的明代石雕。山门迎面是哼哈二将殿，两侧分列钟楼和鼓楼，形成第一进院落。第二进院落以大雄宝殿为中心。大雄宝殿正中供奉释迦牟尼坐像，左有迦叶尊者和文殊菩萨，右有阿难尊者和普贤菩萨。山墙上的壁塑姿态各异，形象活泼，具有立体感与真实感，为明代艺术珍品。释迦牟尼塑像后是观音菩萨以及善财、龙王、龙女、韦驮菩萨等像，四周衬以观音菩萨悬塑，以及山石云海等，与前殿浑然成为一个整体。第三进院落以菩萨殿为主体，殿内供奉五尊泥塑彩绘菩萨像，正中为观音菩萨，左为文殊菩萨、大势至菩萨，右为普贤菩萨、地藏菩萨。第三进院内还有孙中山纪念堂。纪念堂面阔五间，正门上方悬挂红底金字大匾，上为宋庆龄手书“孙中山先生纪念堂”。正厅设孙中山半身塑像，其右停放1925年苏联所赠玻璃盖钢棺一口，室内陈列孙中山先生各个时期的照片。

塔院位于寺院最后，院内南部有雕工精致的汉白玉石牌坊，牌坊两侧各有八字形石雕照壁，照壁上有八个历史人物浮雕，并有题名，左有蔺相如为节，李密为孝，诸葛孔明为忠，陶渊明为廉；右有狄仁杰为孝，文天祥为忠，赵璧为廉，谢玄为节。建于乾隆十三年（1748）的金刚宝座塔位于全寺最高点，既是北京地区也是全国最高大的金刚宝座塔。该塔通高34.7米，塔座上立有七座石塔，座上出口处是屋形方塔，其前方左右各立一座圆形喇嘛塔。其后则有五座十三层密檐方塔，五塔中间之大塔，又成一座小型的金刚宝座塔，形成重叠的金刚宝座塔。整个金刚宝座以洁白的汉白玉石砌筑，布满雕刻，掩映于苍松翠柏之中，显得分外皎洁。塔座上的七座大小塔，尖顶参差高耸，轮廓极富变化，在苍松蓝天的衬托之下，又显得神秘威严（图5–5）。令人惊奇的是，在中间大塔后面离地面30多米的塔座上，竟生长着一棵有200多年树龄的古柏。树干自然分出九杈，犹如九条巨龙直冲云天，此树因此被称为“九龙柏”。据说，塔上长树，象征释迦牟尼在菩提树下历经多种磨

图5–5　北京碧云寺金刚宝座塔上的小塔

难而得道成佛的意思。

1924 年 11 月，孙中山先生应冯玉祥之邀北上共商国是，翌年 3 月 12 日因病在北京逝世。4 月 2 日，灵柩从中山公园移往碧云寺塔。直至 1929 年 6 月 12 日，灵柩才由北京迎回南京中山陵安葬。孙中山灵柩在碧云寺塔暂厝达 4 年多时间。灵柩南迁后，此塔成为孙中山先生的衣冠冢。塔座正中券洞内有一汉白玉石匾，上书金字“孙中山先生衣冠冢”（图 5–6）。游碧云寺者，总要到此凭吊这位伟大的革命先行者。

图 5–6 北京碧云寺孙中山先生衣冠冢

碧云寺中轴线的左右两侧各有两组建筑，左为罗汉堂，右为水泉院。罗汉堂中有雕像 508 尊，全系木质，外覆金箔。罗汉坐像高约 1.5 米，身材大小与常人同，有的闭目静坐，有的低头微笑，有的袒胸露腹，有的老态龙钟，姿态各异，形象生动。令人奇怪的是，这五百罗汉中竟有康熙、乾隆二帝。康熙皇帝是第 295 尊“暗夜多罗汉”，乾隆皇帝是第 360 尊“直福德罗汉”。将两位皇帝塑成罗汉，在中国寺院中是少见的。水泉院是碧云寺内风景清幽的好去处，院内松柏参天，其中有一株最奇特的三代树。该树不仅在柏树中套长柏树，最里层还长着一株楝树。现在楝树仍旧活着。院中还有一泉，名“水泉”，又称“卓锡泉”。泉水自石缝中流出，汇而为池，泉水旁边是用太湖石堆叠而成的假山。花木、泉水、假山构成了一座优美、幽静的庭院花园。

2001 年，碧云寺被国务院公布为第五批全国重点文物保护单位。

河北承德普陀宗乘之庙

普陀宗乘之庙位于河北省承德市避暑山庄正北山坡上，是承德外八庙中规模最大的一座寺院。清乾隆三十五年（1770）是乾隆皇帝六十大寿之年，次年是皇太后钮祜禄氏八十寿辰，西藏、青海、新疆、蒙古等地各族王公首领都要求赴承德贺寿。乾隆皇帝异常重视这两次盛大集会，特令内务府仿西藏布达拉宫，在承德修建此庙。乾隆三十二年（1767）三月开工，原计划三年竣工，因施工后期失火，延至乾隆三十六年（1771）八月竣工。普陀宗乘是藏语“布达拉”的意译，因此庙规模比西藏布达拉宫小（占地 324 亩），俗称“小布达拉宫”。

普陀宗乘之庙总体布局与西藏布达拉宫相似，无明显中轴线。气势虽逊于西藏布达拉宫，但其体量之大为中国内地寺庙所罕有。全寺平面布局分前、后两部分：前部位于山坡，由山门、白台、碑亭等建筑组成；后部位于山巅，布置大红台和房堡。寺院建筑整体可分三部分：第一部分由山门、碑亭、五塔门、琉璃牌坊组成；第二部分是白台群，由若干大小白台组成；第三部分为大红台。白台群成“×”型，上拱大红台，这种建筑布局是中国寺庙建筑中所独有的。

第一部分，山门由藏式城台及汉式庑殿组成。城台为砖石结构，城台上起庑殿，前后设廊，廊内槛窗，两侧封实壁，面阔五楹，进深二间，单檐黄琉璃瓦顶，边沿施绿琉璃瓦边，中供护法神。山门北为碑亭，重檐黄琉璃瓦歇山顶，砖拱结构，土壁，四面开拱门，下承须弥台基。碑亭以北为五塔门。此门高 10 多米，中辟三拱门，拱门上方有三层藏式假窗。门顶上建有一排五座覆钵式琉璃塔。五座喇嘛塔形式同中有异。高低、大小相同，都是下部为重叠的覆体，上部为相轮和宝盖，各部分比例相同。不同的是覆钵的形状和塔的颜色。五塔门北为琉璃牌坊，三间四柱形制，中楼前额“普门应现”，意为观音显现普度众生之门。后额“莲界庄严”，意为观音道场。

第二部分是 30 余座大小白台，成“×”形不规则布置。白台建筑群分殿台、楼台、敞台、实台，形状不一，体量不等，功能各异。大都白灰抹面，青砖镶边，红色盲窗，琉璃砌顶，上檐挑出淌水长瓦。白台为藏式平顶碉房形制，建筑用汉族砖混结构法式。有的两座白台组合成一处院落作为僧房，有的白台砌成实心，起到障景、增景及点缀作用。白台建筑群总体效果表现了西藏布达拉宫前山脚下梵宇的特征（图 5-7）。

图 5-7　河北承德普陀宗乘之庙的白台建筑群

第三部分即大红台，位于普陀宗乘之庙的最高处，面积 1.03 万平方米，因巧妙利用地形将几组建筑连成整体，视觉上予以夸张，更显威严庞大（图 5-8）。正面基层是白台，实心，高 17 米，下部砌花岗岩条石，上部砌砖，壁设梯形盲窗，东西两面砌石阶磴道可达白台顶部。白台之上起红台，高 25 米，上宽 58 米，下宽 59 米，7 层。大红台南面正中嵌饰垂直琉璃佛龛 6 个，黄绿相间。红台顶部砌女儿墙，墙下三面（东、西、南）装饰黄琉璃佛龛。红台内里五至七层为三层阁楼，每层 44 间，四面合围，亦称群楼。群楼顶部西北角建“慈航普渡”殿，檐六角，亭形，二层匾额“普胜之界”，殿内匾额“示大自在”。内设讲经地坪，坪上供观音。东北角建殿，门匾额“权衡三界”，内有匾额“精严具足”，内

图 5-8 河北承德普陀宗乘之庙的大红台

供铜质镏金造像吉祥天母，前后有两个兽头人身的小型造像，底盘为大海。整组造像用青铜 598 千克，黄金 57 两。

万法归一殿是普陀宗乘之庙的主殿，隐于大红台群楼之中，殿顶高出群楼，金光闪烁。底部因三层群楼合围，色调阴暗，上下光照对比鲜明，营造出森严肃穆的宗教气氛，是中国内地宗教建筑中的瑰宝。

1961 年，普陀宗乘之庙被国务院公布为第一批全国重点文物保护单位。

河北承德须弥福寿之庙

须弥福寿之庙位于河北省承德市避暑山庄之北，普陀宗乘之庙的东面。清乾隆四十五年（1780），乾隆皇帝七十岁诞辰寿日，六世班禅额尔德尼要来避暑山庄祝寿，为了隆重接待六世班禅，乾隆皇帝下令仿六世班禅所居的日喀则扎什伦布寺的形式，兴修了这座庙宇。由于建庙是为了接待六世班禅，所以又俗称“班禅行宫”。

整个庙宇占地面积37900平方米，自南而北有山门、碑亭、琉璃牌坊、大红台、金贺堂、万法宗源殿、琉璃万寿塔等，主要建筑沿一条较明显的中轴线采取左右基本对称的排列布局。从总体上看是典型的藏族寺庙，但某些建筑个体和细部装饰又具汉族风格，形式十分独特。

山门前有五孔石桥，与普陀宗乘之庙山门略同，门前列石狮子一对，山门悬挂着乾隆皇帝御书“须弥福寿”匾额。山门西北为碑亭，亭四面墙壁开有拱门，内有乾隆四十五年（1780）立的《须弥福寿之庙碑》。碑文用四体文字镌刻，全高8米余。碑头碑身为一块整石所造，周围和两侧都有云龙纹样；碑座为一巨石雕成的龟趺，下部基石刻有波涛纹样，四角还有鱼、虾、蟹、龟等动物装饰。在避暑山庄和外八庙的全部立碑中，此碑的规格是最高的。

须弥福寿之庙的主体建筑物是大红台。大红台顶部为平面，平铺方砖，砖下为锡板防水。壁面上辟有三层中国式垂花窗户，盲窗与实窗相间。窗头上浮嵌琉璃制垂花门头，有着明显的汉族建筑风格。

大红台内部四周是群楼，上下共三层。妙高庄严殿高耸在群楼中央，是六世班禅在此居住时讲经的地方。妙高庄严殿平面方七间，高三层。大殿的屋顶，上覆铜制镏金鱼鳞瓦，角脊下面制作成龙头形，脊身波状，匍匐金龙两条，一只朝上，一只朝下，每条重量都在一吨以上。屋上八条金龙，姿态各异，栩栩如生，

图 5-9　河北承德须弥福寿之庙的妙高庄严殿屋顶

金光闪烁，活龙活现，大有腾空欲跃之势，在蓝天白云的映衬下，显得金碧辉煌，庄严富丽。据说殿顶的金龙等饰物用了头等黄金 11500 两，这在国内是罕见的（图 5-9）。

在大红台东，建有连续重层红台，名为“东红台”，又称“御座楼”。原为乾隆皇帝来此休息之所，外观与大红台基本相同。

在大红台北面中轴线上，是金贺堂和万法宗源殿，又合称“万花仲院”，原为六世班禅弟子的住室。该院平面呈凸字形，外观为一白台形式。

琉璃万寿塔巍踞于须弥福寿之庙中轴线最北山巅，建在方形基坛上，坛上再承以八角形须弥台基。塔身为八角形，共七层。底层具有广阔的木廊，廊上覆以黄琉璃瓦，上面又设有八角形平台，平台周围又有石栏杆。各层塔面用绿琉璃砖砌成，壁面上饰以精致的佛龛和佛像。塔身色调雅而不俗，轮廓清晰，结构美观，在两侧白台衬托下，显得十分秀丽（图

图 5-10　河北承德须弥福寿之庙的琉璃万寿塔

5–10）。

须弥福寿之庙不仅具有高超的建筑艺术和鲜明的汉藏特色，还是一座具有重要历史意义的佛教寺庙，它对于加强清王朝和西藏地方的联系，增强各民族之间的团结，发挥了极为重要的历史作用。

1961 年，须弥福寿之庙被国务院公布为第一批全国重点文物保护单位。

河北正定临济寺

临济寺坐落在河北省正定县城内。原址在城东南的临济村，因临近滹沱河渡口，故名“临济”。临济寺始建于东魏兴和二年（540）。唐大中八年（854），义玄法师住持临济寺，并在这里弘扬禅学。义玄禅学很快得到广大信徒认可，前来问法求道者络绎不绝，并形成禅宗一大宗源，后世以寺名称之为“临济宗”，成为禅宗五大派别中流传最广的一派。

临济寺山门殿为歇山顶式灰筒瓦顶，面宽呈明五暗七形式，殿中央立义玄禅师大型石刻画像碑（图 5-11）。此碑选用青田石料，由碑身和须弥座两部分组成，通高近 3 米。

图 5-11　河北正定临济寺山门

临济寺澄灵塔为八角九级密檐式实心砖塔，通高 30.47 米，建在八角形砖砌基台上（图 5-12）。唐咸通八年（867），义玄圆寂后，其徒分建两塔藏其舍利衣钵，一座在河北大名，今已不存。另一座即在正定，唐懿宗赐塔名“澄灵塔”，取“灵魂

图 5-12 河北正定临济寺澄灵塔

清静”之意。金大定年间（1161—1189），此塔重建，现存的塔是金代建筑。2001 年，临济寺澄灵塔被国务院公布为第五批全国重点文物保护单位。

大雄宝殿位于澄灵塔后，坐北朝南，高 11 米，宽 20 米，面阔五间，硬山灰筒瓦顶，额枋绘旋子彩画。殿中供奉释迦牟尼佛和迦叶、阿难二尊者像以及文殊菩萨、普贤菩萨、观音菩萨像，两侧是樟木雕刻的十八罗汉像。法乳堂位于大雄宝殿东侧，殿内供奉菩提达摩大师、六祖慧能禅师、义玄禅师三位祖师像。传灯堂在大雄宝殿西侧，里面供奉日本临济宗荣西禅师、南浦绍明禅师，日本黄檗宗初祖隐元禅师三位祖师像。

临济寺在中日文化交流史上具有重要影响。南宋时期，日本僧人荣西两次入宋参学，将临济宗传入日本，“学徒云集，朝野尊尚”。镰仓时期（1185—1333），日本禅宗的 24 派中就有 20 派属于临济宗派。临济宗至今仍是日本佛教中重要的一支。

山西五台山大显通寺

大显通寺位于山西省五台山中心区大白塔北侧、菩萨顶脚下，是五台山佛教圣地中最古老的寺院。因寺院所在山峰颇似佛陀说法的灵鹫山，亦名“大孚灵鹫寺”。

大显通寺相传始建于东汉明帝永平十一年（68），距今已有1900多年，它与洛阳白马寺同为中国最早的寺院。唐朝武则天时期称为“大华严寺”，明朝重修时朱元璋赐额“大显通寺”，明万历年间（1573—1620）改为“永明寺”，清康熙皇帝又复称“大显通寺”。现存建筑均为明清重修后形制，占地120余亩，有殿堂楼房四百余间，中轴线上一连七进大殿，东西廊房对称配合，形成整肃严谨、阔畅宏大的布局结构。大显通寺建筑多带宫廷色彩，堪称明清寺院建筑典型。

寺前是一座下层为石碹洞、上层为木构建筑的高大钟楼（图5-13）。钟楼为两层三檐，上承十字顶，十字相交的脊的四端有四个龙头，两两相对，通体望去，廊柱排排，飞檐层层，后面衬以大白塔，十分秀雅。钟楼上所悬挂的大铜钟叫“幽冥钟”，也叫“长鸣钟”，铸造于明天启年间（1621—1627），钟身高2.67米，最大外径1.67米，厚10厘米，钟口边缘成莲花瓣形状，外皮铸

图5-13　山西五台山大显通寺钟楼

有楷书佛经一部，计一万余字。据说这口铜钟重达 4999.75 千克，是五台山寺院中最大的古钟。

大显通寺山门气势雄伟，在五台山所有寺院中首屈一指。山门两旁，各树一统石碑，左龙右虎，很有气势。文殊殿前有两座八角碑亭，亭中各立一统汉白玉石碑，左边石碑有康熙皇帝御笔碑文，右边是一统无字碑。

文殊殿后是大佛殿，重建于清光绪二十五年（1899），大殿占地 1.2 亩，重檐庑殿顶，周有大柱环绕，气势磅礴。殿内正前方横梁高悬康熙皇帝御笔“真如权应”巨匾。殿台上，并列主佛三尊，中间释迦牟尼佛，东面药师佛，西面阿弥陀佛。殿两侧十八罗汉均为明清雕塑。

大佛殿后是无量殿，该殿是一座砖砌结构的建筑，供卢舍那佛大铜像，取佛法无量之意，故称“无量殿”。又因殿内没有梁柱，亦称“无梁殿”。该殿形制奇特，雕刻精湛，宏伟壮观，是我国古代砖石建筑艺术杰作。无量殿正面每层有 7 个阁洞，阁洞上嵌有砖雕匾额。无量殿最奇特处就是殿堂中席地而坐许多铁罗汉，为明洪武年间（1368—1398）大华严寺住持化缘所铸。这些罗汉像与大显通寺之得名有关。据说明太祖朱元璋听说五台山五百罗汉大显神通，便派大臣代表自己上五台山朝拜，并向大华严寺赐额“大显通寺”。从此大华严寺才改名大显通寺的。可惜在“文革”中，铁罗汉有半数以上遭到毁坏，现仅存 200 余尊。

无量殿后是千钵殿，因供奉千钵文殊铜像而得名。这尊铜像造型十分奇特，头上有头，共垒叠五个头形，两边伸出许多手臂，统称千臂，其中有两条大臂举上头顶，托着一尊圣像。这尊铜像是文殊菩萨多种形象中的一种，显示出古代造像艺术家的丰富想象力。

千钵殿后依山建有铜殿，是一座铜铸的仿木建筑物，铸成于明万历三十四年（1606），是我国现存四铜殿之一（其他三铜殿为北京颐和园万寿铜殿、湖北武当山铜殿和昆明鸣凤山铜殿）。铜殿平面方形，宽 3 米，深 2.67 米，高 3.3 米多，上、下层共有八面 56 块格扇，格扇内壁铸有佛像，重重叠叠，号称万尊，中央台上端坐一尊铜铸大佛，故称“万佛朝如来”（图 5–14）。

格扇外壁铸有各种图案和花卉鸟兽，共 36 幅，有二龙戏珠、鱼跃龙门、丹凤朝阳、犀牛望月、玉兔拜月等，十分生动传神。殿前原有五座铜塔，按东西南北中方位布置，现仅存东西两座。塔为十三层阁楼式，高 8 米，塔身铸满佛像、图案和各种铭文。塔身之上又有重檐亭阁，再向上才是塔刹。这种由覆钵式、楼阁式、亭阁式三合一组合型塔式，是汉传佛教与藏传佛教圆融并存五台山在建筑形制上的体现。铜塔塔体瘦削挺秀，上下布满精美的雕饰。

1982 年，大显通寺被国务院公布为第二批全国重点文物保护单位。

图 5-14 山西五台山大显通寺铜殿

山西大同华严寺

华严寺位于山西省大同市，是我国现存规模较大、保存较完整的辽金寺院。

华严寺始建于辽代清宁八年（1062），元、明、清各代均曾重修，终成今日规模。全寺占地面积16693平方米，分上、下两寺。上寺以大雄宝殿为中心，建筑风格严谨，井然有序。下寺以薄伽教藏殿为中心，风格比较自由活泼。

上寺分为两院，有山门、过殿、观音阁、地藏阁以及两厢廊庑，高低错落，环境幽雅。寺中主要殿宇皆面向东方，这与契丹族信鬼拜日、以东为上的信仰有关。大雄宝殿矗立于4米高的月台之上，殿面宽九间，进深五间，面积1559平方米，为迄今为至国内辽金佛寺中最大的殿堂。殿内采用减柱结构，扩大了殿内空间。殿顶呈单檐庑殿式，檐脊两端的鸱吻高4.5米，由八块琉璃构件组成，是我国古代建筑上最大的琉璃吻兽。北吻系金代原物，历经800多年，光泽依然如新。南吻系明代重制。大殿斗拱硕大，形制古朴，宏伟壮观。殿内中央供五方佛，两侧二十四诸天侍立，神态各异，身体均前倾15°，别具一格，为国内罕见。

下寺位于上寺的东南侧，相距不远。寺内薄伽教藏殿为辽代建筑，整座大殿风格古朴，庄重稳健，是现存辽代殿堂中的典型遗构（图5–15）。殿内四周依壁设重檐式壁藏三十八间，分为两层，下层为经橱，存有明清佛经18000余册，上层为佛龛。后檐明间于门楣之上设券拱桥和天宫楼阁五间，凌空环接壁藏，使两侧壁藏浑然一体，为国内仅存的辽代小木作。著名建筑学家梁思成先生誉之为“海内孤品”。殿内佛坛上完整保存有31尊塑像，体姿自然，表情生动。其中以胁侍菩萨最为传神，菩萨合掌露齿，面容丰满，身姿秀美，微笑可亲，恰似一位性情温柔、体态匀称的少女形象，为辽代彩塑之珍品。

华严宝塔是根据《辽史·地理志》上的记载恢复建造的。塔

图 5-15　山西大同华严寺薄伽教藏殿

身三层四檐，总高 43.5 米，是继应县木塔之后全国第二大纯木榫卯结构的方形木塔。每层面宽、进深各为三间，均按辽金时期建筑手法营造。塔内分层供奉释迦牟尼佛、观音菩萨、交脚菩萨像。塔底采用 100 吨纯铜打造出一座近 500 平方米的千佛地宫，金碧辉煌，内供高僧舍利及千尊佛像（图 5-16）。

1961 年，华严寺被国务院公布为第一批全国重点文物保护单位。

图 5-16　山西大同华严寺华严宝塔

内蒙古自治区呼和浩特大召寺

大召寺位于内蒙古自治区呼和浩特市玉泉区大召前街，蒙古语为“伊克召”，意为“大庙”，已有400余年历史，是呼和浩特最早兴建的藏传佛教寺院。

明万历六年（1578），蒙古土默特部俺答汗为迎接西藏三世达赖喇嘛索南嘉措，开始兴建大召寺，第二年建成，万历皇帝赐名“弘慈寺”，清初重修后定名为“无量寺”。因寺中供奉银制释迦牟尼像，亦名“银佛寺”。明万历十四年（1586），三世达赖喇嘛索南嘉措来到呼和浩特，亲临大召寺，主持了银佛开光法会。从此大召寺成为蒙古地区有名的寺院，蒙古各部纷纷派人到大召寺顶礼膜拜。清顺治九年（1652），五世达赖喇嘛路过呼和浩特，驻锡于大召寺，至今大召寺内还供有五世达赖喇嘛的铜像。

大召寺的主体建筑布局为“伽蓝七堂式”，从南到北沿中轴线建有牌楼、山门、天王殿、菩提过殿、大雄宝殿、藏经楼以及东西配殿、厢房等建筑，是呼和浩特现存规模最大、保存最完整的木结构建筑群（图5–17、图5–18）。大雄宝殿为寺内主要建筑，采用了藏汉结合的建筑形式，大殿由50余根大柱支撑，显得宏伟庄严。殿内壁上有佛教传说的绘画，悬挂的缯子上画有各种佛像，形象奇特，神态各异。大殿中间是喇嘛诵经的地方，香烟缭绕，银光闪烁，正中2米多高的释迦牟尼银佛像端坐莲花台上，顶部由孔雀羽毛伞笼罩。佛面线条柔和，丹唇微启，慈眉善目，栩栩如生，给人以肃穆之感，堪称大召一绝。两边是如来佛、弥勒佛、藏传佛教格鲁派创始人宗喀巴大师、观音菩萨等泥塑像，均2米多高，工艺精细，形象逼真。四世达赖喇嘛、五世达赖喇嘛铜像分坐两侧，万岁金牌供置桌上，银佛前两根明柱上盘绕的“二龙戏珠”，高达10米，工艺十分考究，是佛殿中的精品。大殿后的二层九间楼是供奉财神、五世达赖喇嘛以及保存藏经和活佛休息的地方。大召寺的古建筑、雕塑、绘画，都真实地记载了各族

图 5-17　内蒙古呼和浩特大召寺山门前的牌楼

劳动人民的聪明才智，具有很高艺术价值。

大召寺的历史文物和艺术珍品极为丰富，既有被誉为大召寺“三绝”的银佛、龙雕、壁画，还有佛殿内的各种彩塑、金铜造像、晒佛节展出的巨幅唐卡、108 部的甘珠尔经卷等。寺内所藏的一幅清乾隆年间（1736—1795）的名画——长卷《月明楼》尤为珍贵。此画长 3.5 米，宽 1.3 米，画面上有 100 多个人物，画的是康熙皇帝到月明楼微服私访的场面。该画生动地再现了清代归化城大酒楼兼戏馆的面貌，人物栩栩如生，十分传神。

2006 年，大召寺作为明至清时期古建筑，被国务院公布为第六批全国重点文物保护单位。

图 5-18　内蒙古呼和浩特大召寺山门

江苏南京灵谷寺

灵谷寺位于江苏省南京市中山陵东面，为东南一大名刹（图5-19）。该寺占地500亩，规模宏大，殿宇众多。寺内有万工池、天王殿、无量殿、大雄宝殿（图5-20）、观音阁、藏经楼、弥勒殿、松风阁（即国民革命军阵亡将士纪念馆）、灵谷塔、八功德水、玄奘法师纪念堂等建筑。

无量殿，建于明洪武十四年（1381），高22米，宽53.8米，纵深37.85米。外部飞檐挑角，恰似巍峨的宫殿，内部却如前后回旋的涵洞，深邃幽静。特别令人惊叹的是，如此巨大的殿堂，不用寸木，无一根梁柱，全部用大型长方砖砌成拱圆殿顶，其建筑构造十分奇异，故又称“无梁殿”。1928年，国民政府将无梁殿作为国民革命军阵亡将士祭堂，殿前置牌坊，殿后兴建阵亡将士纪念塔。

灵谷塔，建于1935年，平面八角，全部以钢筋混凝土为主骨，

图5-19　江苏南京灵谷寺山门

图 5-20　江苏南京灵谷寺大雄宝殿

高 66 米，共九层，以绿色琉璃瓦为檐，塔外绕有环廊，围以石栏杆，塔之中部有螺旋式扶梯围转而上，每层每面有门通至塔外平座（阳台），绕台可鸟瞰中山陵景物。该塔为灵谷寺标志性建筑。

八功德水，即功德泉水。传说高僧昙隐云游钟山，忽闻金石丝竹之音，便沿着山崖，依音寻迹，发现粒粒水珠顺着石缝落在青石板上，发出悦耳的声音。昙隐认为这是上天对世人的施舍，故称此泉为“功德泉”。此泉一清、二冷、三香、四柔、五甘、六净、七不㾓、八蠲饐，故又名“八功德水”。八功德水原在紫霞洞东北的悟真庵后，僧人用竹管将水引来，故又名“竹递泉”。早在南朝梁时，寺院僧人就用泉水为人治病，八功德水闻名遐迩。

玄奘法师纪念堂在大雄宝殿东跨院正厅，里面陈放着六面七级飞檐挑角檀香木宝塔一座，塔内安放着玄奘法师的部分顶骨。

灵谷寺地处钟山东麓，周围环境十分优美。钟山是国务院 1982 年公布的第一批国家风景名胜区。灵谷寺作为钟山风景区的主要名胜之一，每年都接待大批游人香客。

江苏苏州寒山寺

寒山寺位于江苏省苏州市枫桥镇江村桥旁，因有唐朝诗人张继《枫桥夜泊》诗“月落乌啼霜满天，江枫渔火对愁眠。姑苏城外寒山寺，夜半钟声到客船”而闻名于世。

寒山寺始建于南朝梁天监年间（502—519），初名“妙利普明塔院”。相传唐贞观年间（627—649）天台名僧寒山、拾得（即民间传说中的和合二仙）两人来此寺，后拾得东渡至日本，寒山在此寺任住持，遂将塔院改名为“寒山寺”。今寺东庑还有寒山、拾得的塑像。寒山寺现存建筑是清光绪二十二年（1896）到宣统三年（1911）间陆续重建的。主要建筑有山门、大殿、藏经楼、钟楼、枫桥夜泊楼、南罗汉堂、撞钟亭、碑廊等（图 5-21、图 5-22）。

寒山寺最为著名之处在其“夜半钟声”。张继诗中所提到的那口寒山寺的“半夜钟”，初为唐朝所铸，可惜早已失传。明嘉靖年间（1522—1566）又造了一口钟，悬挂于钟楼，后流入日本。

图 5-21　江苏苏州寒山寺山门

图 5-22　江苏苏州寒山寺钟楼

清光绪三十年（1904），寒山寺重建时，仿旧钟式样新铸一口大钟，钟高近 2 米，需三人合抱，堪称巨制。寺内另存一钟，为日本人士所赠仿唐式青铜乳头钟。1960 年，日本友人募铸青铜钟一对，一只悬挂于日本馆山寺，一只悬挂于中国寒山寺，表示中日佛教联谊。该钟现在悬挂于大雄宝殿内。

寒山寺内存有岳飞、文徵明、唐寅、康有为等人题寒山寺的大量诗文碑刻。此外，碑廊及殿阁、走廊壁上还有清朝名画家罗聘、郑文焯所绘寒山、拾得画像石刻。

寒山寺因诗扬名，千百年来吸引着无数文人墨客，中外游人都以到寒山寺体验那诗情画意般的景致为一幸事。

江苏镇江金山寺

金山寺位于江苏省镇江市的金山上。金山雄峙在镇江市区西北的长江南岸，风景优美，有“江南诸胜之最”的美誉。金山寺依山而建，从山脚到山顶，殿宇楼堂幢幢相衔，阶梯成叠，长廊蜿蜒，台阁相接，把整座山密密地包裹起来（图 5–23）。远望金山寺，只见金碧辉煌的寺院建筑群和高耸入云的慈寿塔，看不见山，故有“金山寺裹山”之称，与镇江焦山定慧寺“焦山山裹寺”形成鲜明对比。

游人去金山寺，在远处首先进入视线的是金山塔。金山塔名“慈寿塔”，该塔位于金山之巅，是镇江的标志性建筑。慈寿塔最早建于南朝齐梁时代，原为两座宝塔，南北相对而立，后坍毁。宋哲宗元符年间（1098—1100）重建，明初再塌。明隆庆三年（1569），明了法师重建了一座塔，成单塔，后又毁。现存的塔

图 5–23　江苏镇江金山寺层层叠加的殿堂

是清光绪二十六年（1900）修建的，砖身木檐，仿楼阁式，高约40米，七级八面，每级四面开门，内有楼梯盘旋而上。每层有回廊和栏杆可凭栏远眺，登塔可俯览金山全景，远眺长江形胜（图5-24）。

图5-24　江苏镇江金山寺慈寿塔

金山寺现存建筑主要有天王殿、大雄宝殿、藏经楼、留宿处、念佛堂、紫竹林、方丈室等，各类建筑傍依山根，通过回廊、回檐、石级有机串联，形成楼外有阁、楼上有楼、阁中有亭的精巧布局。妙高台、七峰顶、楞伽台等连缀山腰，留玉阁、大小观音阁围绕山顶，全寺设计精巧，层次分明，令人赏心悦目。

金山寺之所以闻名遐迩，还与民间故事《白蛇传》有关。《白蛇传》描写了白娘子与许仙的爱情故事，其中“水漫金山”是故事的高潮。故事中将金山寺僧法海写成了拆散白娘子与许仙的“恶人”，这完全是根据剧情需要而杜撰的。历史上，法海是金山寺名僧，因重修金山寺功德卓著，被尊为“开山祖师”。今金山寺尚有法海洞，洞中塑有一尊法海雕像。

金山寺保存有许多珍贵文物，其中周朝铜鼎、诸葛亮战鼓、文徵明《金山图》、苏东坡玉带，合称为“金山四宝”。据记载，清乾隆时《四库全书》编成，乾隆皇帝曾下令在金山寺建文宗阁，收藏了一部《四库全书》。可惜后来文宗阁毁于兵火，所藏《四库全书》也皆遭毁。

金山寺与日本佛教界有较深的渊源。唐朝以来，不少日本僧人飘洋过海，来金山寺参禅学经，为中日两国佛教界的交流做出了贡献。

江苏扬州大明寺

大明寺位于江苏省扬州市蜀冈山上，始建于南朝宋孝武帝大明年间（457—464）。因其以大明年号命名，故称“大明寺”（图5-25）。

大明寺周围古木葱茏，幽静深远。寺前东西院墙上分别嵌着两块石刻，东为蒋衡山书“淮东第一观”，取自宋代词人秦观诗句“游人若问登临美，须作淮东第一观”；西为王澍书“天下第五泉”。

进山门首先为天王殿，迎门供奉着弥勒像，背面为护法韦驮菩萨，两旁分立持国、增长、广目、多闻四大天王。出天王殿走过一条花岗岩甬道，就到了大雄宝殿。殿内正中供奉释迦牟尼佛、药师佛、阿弥陀佛三尊大佛；背面为南海观音，手持净瓶，站在鳌头上。两边是十八罗汉像。殿堂佛像金光焕彩，法相庄严。

大殿东南为平远楼，建于清雍正年间（1723—1735），同治年间（1862—1874）重修，共三层，构筑精致，有庭院竹石之胜，现为方丈室。平远楼北为晴空阁，现为鉴真事迹陈列室。

大明寺最有特色的建筑是鉴真纪念堂（图5-26）。鉴真东渡日本前，曾为大明寺住持。从唐天宝元年（742）起，先后十余年，历尽艰险，至第六次东渡成功，将我国佛学、医学、语言文学、建筑、雕塑、书法、印刷术等介绍到日本，为中日两国的文化交流做出了重要的贡献。纪念堂正殿由著名古建筑学家梁思成设计，雄伟质朴，富丽堂皇。纪念堂四壁是彩绘，正中供奉着鉴真塑像，是仿日本国宝鉴真塑像而成，造像跏趺而坐，合闭双目，神态安详。

大雄宝殿西侧，有“仙人旧馆”门额，入门即有名的平山堂。平山堂是北宋大文学家欧阳修任扬州太守时所建。堂前花木扶疏，庭院幽静，凭栏远眺江南诸山，恰与视线相平，“远山来与此堂平”，故称“平山堂”。

在平山堂之西是一座古典园林——西园。园内有著名的“天下第五泉”。据唐人张又新《煎茶水记》所载，这里的泉水在当时被品评为天下第五。此外，园内还有“御碑亭”，有乾隆皇帝御碑三块。园内石山高耸，遍布苍松翠柏，亭台、馆榭等把园子装点得精美别致，游人在此漫步，有步移景变之感。

大明寺原有栖灵塔，毁于唐武宗会昌三年（843）。原塔雄踞蜀冈之上，李白、刘禹锡、白居易等著名诗人都曾登临此塔吟诗抒怀。1993 年，在各方倡议下，重修此塔，于 1996 年元旦竣工。塔仍为九层，高 73 米，风格系仿唐式古塔。

2006 年，大明寺被国务院公布为第六批全国重点文物保护单位。

图 5-25　江苏扬州大明寺山门

图 5-26　江苏扬州大明寺的鉴真纪念堂

浙江杭州灵隐寺

灵隐寺亦名“云林禅寺”，位于浙江省杭州市灵隐山上，前临冷泉，面对飞来峰。清代康、雍、乾时期，三位皇帝多次巡视江南，驻跸灵隐，赋诗纪游，刻碑立石。尤其是康熙皇帝，一生六次南巡，五次驻跸灵隐，赐额留诗，与灵隐寺结下了不解之缘。由于三朝帝王优礼有加，故灵隐寺在清初有百年隆盛之局。

灵隐寺入山处有一横匾，上题“最胜绝场”，字迹苍劲，传说为晋人葛洪所书。照壁上镌有“东南第一山”五字。东西二山门之间是天王殿，面阔七间，进深四间，重檐歇山顶，殿前悬“云林禅寺”匾。天王殿内供奉着一尊袒胸露腹弥勒像，称为“皆大欢喜弥勒佛像”。弥勒像佛龛壁上挂着“说法现身容大度，救人出世尽欢颜”对联。两侧有高近8米的四大天王塑像。弥勒像背后是韦驮菩萨像，系南宋时雕刻，距今已有800多年历史。佛身由香樟木雕成，可以一块块卸下来，整个佛像不用一钉，镶嵌相连在一起，是南宋木雕造像中的艺术精品。天王前有两座经幢，建于北宋开宝二年（969），经文至今清晰可辨，是重要的古代文物。

天王殿后过园林登石砌月台，即为大雄宝殿。大雄宝殿为单层三重檐歇山顶，高33.6米，占地面积1200平方米，是全寺的主殿（图5–27）。殿内主尊释迦牟尼佛像高19.6米，连座达24.8米。佛像用24块巨大香樟木雕成，妙相庄严，发髻、衣褶、坐姿皆为唐朝佛雕风格。此佛像被国际佛教界人士和学者视为佛陀释迦牟尼标准造像。大殿后部东西两侧分列十二圆觉像，即在佛陀身旁修行觉悟圆满无缺的十二位菩萨坐像，东边为文殊、普眼、贤首、光音、弥勒、净音，西面为普贤、妙觉、善慧、善见、金刚藏、威音，其布局为全国寺院之孤例。

大雄宝殿前有两座八角九层经塔，建于北宋建隆元年（960），为大理石砌成，塔壁镌有无数石雕佛像（图5–28）。二塔结构相同，

图 5-27 浙江杭州灵隐寺大雄宝殿效果图　图 5-28 浙江杭州灵隐寺的宋代经塔

为仿楼阁式，每层四门，有柱，出檐，造型和顺流畅，是典型的宋式建筑。

灵隐寺内古木参天，郁郁葱葱，景致极佳。寺前冷泉流经处有“青淙”“壑雷”诸亭，清流潺缓，清幽静谧。寺对面飞来峰海拔 168 米，山上奇岩突兀，堕者似倾，翘者欲飞。峰下有龙泓、玉乳、射旭诸洞，回旋幽深，洞中遍布造像。峰前清涧回绕，逢水盛时，声如轻雷。

浙江普陀山普济寺

普济寺位于浙江省普陀山白华顶南、灵鹫峰下，其前身是“不肯去观音院”。唐大中年间（847—859），日僧慧谔从五台山请得一尊观音像归国，遇狂风险浪阻隔，且有铁莲花围船，无法航行，只得上岸，与山民张氏在潮音洞建此院供奉观音菩萨像，故名“不肯去观音”。后梁贞明年间（915—921），由“不肯去观音院”扩大为寺。宋朝先后改名为“五台圆光寺”与“宝陀观音寺”，香火始盛。宋嘉定七年（1214），宋宁宗御书“圆通宝殿”匾额，定为专供观音之寺院。明清时期，该寺屡遭毁焚。清康熙三十八年（1699）重修后，康熙皇帝赐匾额“普济群灵”，始称“普济禅寺”。雍正九年（1731），扩建殿堂及用房，形成今日基本规模。

普济寺是普陀山最大的寺院，全寺占地37000多平方米，共有十殿、十二楼、七堂、七轩，计231间，建筑面积11400平方米。普济寺山门为一石牌坊，四柱三门，高约20米，柱上横楣雕刻有精致的云纹绫和葫芦图案。坊内北侧，竖一石碑，上书“文武官员军民人等到此下马”。据传这是皇帝传下的圣旨，过去官吏到此，文官下轿，武官下马，以示对观音菩萨的崇敬。在山门内，有明万历、清康熙时的御碑三块，正中一块刻的就是普济禅寺历史沿革，立于3.5吨重的基座上。山门东侧是钟楼，重檐歇山顶，内悬大铜钟一口，重3500千克，铸造于清嘉庆十二年（1807）。西侧有鼓楼，建筑形式同钟楼。

普济寺前有一个广约15亩的莲池，名叫“海印池”，亦名“放生池”，建于明朝。池上筑桥三座，中间一座，桥面平阔，北接普济寺正门，南衔御碑亭。亭系清雍正九年（1731）所建，中竖雍正帝所书白玉碑一方，高3米，宽1.5米。碑文记载普陀山历史，碑额雕龙栩栩如生，碑文书法遒劲刚健，可谓双绝。东面一座为拱桥，称“永寿桥”，长40米，宽7.5米，高6米，系明万历十四年（1586）所建（图 5–29）。桥上石栏柱头刻有狮子 40 座，形态各异，生动逼真。桥前有影壁，上书“观自在菩萨”五个大字，字高约 1.7 米，苍劲有力。西面有一座长堍拱桥，四隅镂有龙首，逢雨水从龙嘴喷出，似袅袅轻烟，设计十分精妙。

天王殿亦称“金刚殿”，面宽五间，进深四间，重檐歇山顶。进门迎面是一袒胸盘坐的弥勒菩萨，手拿布袋，据说他能将世间一切苦难装入布袋之中。殿后有古樟八株，枝叶繁茂，树荫遮遍整个庭院，树干最粗者直径达 2 米多（图 5–30）。

大圆通殿是普济寺的主殿，“圆通”是观音菩萨的别号，该殿供奉的正是观音菩萨。殿堂宏大巍峨，殿面阔七间，进深六间，可容数千人。重檐歇山黄琉璃顶，九彩斗拱，门心板雕二龙戏珠。殿前平台有石雕栏板，台中有铜鼎炉，高约 4 米，上铸“普济禅寺”“千秋宝鼎”等字样。殿内正中端坐高达 8.8 米的观音菩萨像，全身金黄，眉清目秀，慈祥含笑，身边站立着善财童子和龙女，神态天真活泼。东西两侧各塑有十六尊不同服饰、不同形态的观音菩萨，称“观音三十二应身”，即观音菩萨以不同身份教化世人时的现身说法形象。

普济寺多宝塔是普陀山现存年代最早的佛教建筑，该塔建于元顺帝元统年间（1333—1335），相传是元世祖第九子脱欢、镇南王第四子帖木儿为著名高僧孚中禅师所建。多宝塔是一座四方

图 5–29　浙江普陀山普济寺的永寿桥

图 5-30 浙江普陀山普济寺的古樟

形三层的石塔，高 32 米。塔的基座是一双层高台，每层四周都有石栏围绕，在栏板、栏杆和座身上均刻有精美的浮雕图案。基座上筑有须弥座，塔身就立于座上。塔为实心，不可登攀，每层各面辟有壁龛，龛内有石雕佛像，神态各异，栩栩如生。底层以上每层均有平座栏杆环绕。塔顶为宝箧印经塔式样，四角做成蕉叶插角，中耸相轮、宝珠。整座建筑造型别致，雕工精巧，具有浓郁的元朝风格。像这样的元塔，全国罕见。

2013 年，普济寺被国务院公布为第七批全国重点文物保护单位。

浙江天台国清寺

国清寺位于浙江省台州市天台县天台山南麓，是中国佛教天台宗祖庭，也是日本佛教天台宗祖庭（图 5-31）。天台国清寺与山东济南灵岩寺、江苏南京栖霞寺、湖北荆州玉泉寺并称“海内四大名刹”。

国清寺坐北朝南，建筑面积 2.3 万平方米，殿堂、寮房 700 余间。寺外有古塔迎宾、双涧回澜之胜；周有五峰环抱、层林染翠之美；清幽深邃，风光旖旎。寺院由数十个大小不同、风格各异的院落和建筑群组成。殿宇依山而上，前低后高，层檐交错，很是壮观。计有五殿（弥勒殿、雨花殿、大雄宝殿、药师殿、观音殿），五楼（钟楼、鼓楼、方丈楼、迎塔楼、藏经楼），六堂（妙法堂、安养堂、斋堂、静观堂、大彻堂、客堂）。该寺建筑最鲜明的特点是，有近 2000 米的廊沿贯穿全寺，通道廊沿有挑檐廊、

图 5-31　浙江天台国清寺山门

连檐柱廊、重檐柱廊、双层柱廊、单层柱廊、双层双檐廊等，集中了我国古建筑中各种廊沿形式。廊沿互应，禅门重重，明暗相间，高低错落，其规划之科学，形制之完美，无不令人赞叹。

寺内最具特色的佛教建筑和文物有：

隋塔 位于寺东南山坡上，是一座六角九层的砖塔，高59米。塔砖呈绛红色，体积大而质坚，轻敲一下，便会发出类似金属的声音，据说建造这座塔所用的几十万块砖都是由一个砖窑烧制的。四周砖壁上雕有佛像，栩栩如生，极为精美（图5-32）。

天王殿 亦称雨花殿，面宽三间，歇山顶式。殿前有石狮一对，殿内有威严的四大天王。殿后钟鼓楼上悬挂的梵钟，是清嘉庆年间（1796—1820）铸造，音响宏亮悦耳。

图5-32 浙江天台国清寺的隋塔

大雄宝殿 殿内正中的莲花宝座上有释迦牟尼佛铜像，铜像高6.8米，重13吨，为明朝所铸。两旁站着阿难、迦叶两弟子，前面站着旃檀佛。左右两壁分坐十八罗汉，后壁左右两旁分坐文殊、普贤二菩萨。后壁正中为慈航普渡南海观音，左有善财，右有龙女，右上角有象征性的天台山浮雕。

隋梅 大雄宝殿东侧有个小巧玲珑的六角梅亭，亭前黄墙边有一株苍虬多姿的梅树，树干屈如龙爪，但仍枝繁叶茂。相传此乃灌顶法师亲手栽植，距今已有 1300 多年。

一行墓 一行（673—727）是唐朝高僧，密宗教观的组织者和天文学家，精通历法天文。与梁令瓒同制黄道游仪，用以测定 150 颗恒星位置，发起在全国 12 处地点进行天文观测。著有《大日经疏》，并订《大衍历》等。唐睿宗曾派东都留守以礼征聘，一行称疾坚辞，该墓即为纪念他而建。

寒拾亭 为纪念寺僧寒山、拾得而建。寒山、拾得为唐代高僧，也是著名诗人，与丰干并称为“国清寺三贤”。亭平面呈长方形，南北有门相通，门上匾题“五峰胜境”和“五松深处”。

国清寺蜚声海外，早在 1200 年前，唐代高僧鉴真东渡日本，日本高僧最澄接受天台宗教义后，萌发到国清寺向天台宗大师求法的愿望。贞元二十年（804），最澄渡海入唐，到国清寺拜天台宗九祖道邃、行满为师，研习天台宗教义。回国后，最澄将日本的比睿山命名为天台山，将延历寺命名为日本的国清寺。从此，日本佛教天台宗尊浙江天台国清寺为祖庭。

2001 年，国清寺被国务院公布为第五批全国重点文物保护单位。

安徽九华山祇园寺

祇园寺（又称“祇园禅寺”）位于安徽省九华山东崖西麓，始建于明嘉靖年间（1522—1566），原名“祇树庵”。清康熙年间（1662—1722）为化城寺东序寮房。嘉庆年间（1796—1820），祇园寺住持乏人，庵将倾圮，诸长老议定迎请禅居伏虎洞20多年的隆山和尚（1757—1841）来寺住持。隆山弟子大根等人在祇园寺聚众说法，开坛授戒，大兴土木，重建殿宇，其规模终成全山寺院之冠。光绪三十年（1904），大雄宝殿建成，祇园寺由此成为九华山四大丛林之首（图5-33）。

祇园寺由灵官殿、弥勒殿、大雄宝殿、客堂、斋殿、库院、退居寮、方丈寮和光明讲堂等九座单体建筑组成，建筑面积5175平方米。除弥勒殿和大雄宝殿属宫殿式建筑之外，其余皆民居式建筑。全寺殿宇层层叠叠，回旋曲折，结构精巧，气势磅礴。其中最有特色者是灵官殿，它是中国佛道融合的一个文化象征。作为祇园寺第一进殿堂不是天王殿，而是灵官殿，这一构制在全国佛寺中是少见

图5-33　安徽九华山祇园寺的山门

的。殿内站立灵官，身着金黄铠甲，赤面红须，圆睁怒目，大张嘴巴，额头上还有一只小眼睛，据说是“三眼能观天下事”。灵官右手高举钢鞭，左手攥拳，形象十分威猛。

寺门门楼覆盖金黄色琉璃瓦，飞檐高挑，檐角龙头伸头吐舌，有行云之势。门额镶嵌着白底青花图案组成的“祇园禅寺”瓷匾。天王殿中间端坐弥勒佛像，两侧是四大天王塑像（图 5-34）。

图 5-34 安徽九华山祇园寺天王殿

大雄宝殿是全寺主体建筑。高 35 米，阔 25 米，进深 19 米。在金黄色琉璃瓦顶上饰有堆花彩瓷的天王、罗汉像，或动或静，形态各异。殿脊两端均饰以青花细瓷的鱼龙正吻。飞檐四角悬有八只镂空花篮，檐下有 17 个小雕花斗拱，交相辉映，富丽堂皇。大雄宝殿内，正面为高约 12 米的“横三世”佛像，分别是释迦牟尼佛、阿弥陀佛和药师佛。座下是碧绿莲花座，下有须弥座（又叫金刚台），雕刻精细。殿内的金黄铜磬，重约 200 千克，铿锵有声。千斤重的大钟和皮鼓悬在大殿两角。正中悬挂着镂空八角的龙凤琉璃灯，又叫海灯、长明灯。

大殿后墙两侧排列着文殊、普贤二菩萨和十八罗汉的金身坐像。文殊菩萨坐骑青狮，示狮子威猛；头结五髻表佛的“五智”，手持宝剑，为智慧利剑，谓之“智慧威猛”。普贤菩萨骑白象，手持如意、荷花，是“义理圆通”象征。十八罗汉有怒目作法、降龙伏虎的，有温良典雅、捧读经卷的，有凝眸沉思或托腮假寐等，神态各异，栩栩如生。三世佛像背后，有一组群像，高 30 米，宽 7 米，塑的是起伏的山峦和涌波的大海，观音像居中赤脚立在鳌鱼头上，玉女侍立于左，金童参拜于右。上有持金刚杵的韦驮、握大刀的伽蓝、托宝塔的李靖，最高处正中间有一个瘦骨嶙峋、赤膊、抱膝蹲坐的人，是佛陀释迦牟尼在雪山苦修六年时的形象。另外还有高不盈尺的上百个小佛像。其中有老僧，有穿红着绿的儿童，有的赤发绿面，有的泰然自若，有的张皇四顾，有的盘膝打坐，神情各异。

2013 年，祇园寺被国务院公布为第七批全国重点文物保护单位。

福建泉州开元寺

图 5–35 弘一法师纪念馆前的弘一法师造像

泉州开元寺建筑宏伟，风光别具。全寺占地面积 78000 平方米。主要建筑有天王殿、大雄宝殿、戒坛、藏经阁、水陆寺、檀越祠、准提禅林、泉州佛教博物馆（弘一法师纪念馆）等，规模宏大，布局严整，气派雄伟（图 5–35）。

大雄宝殿是全寺核心建筑，相传修建之初，常有“紫云盖地”之瑞，故称“紫云大殿”（图 5–36）。大殿重檐歇山顶，面阔九间，进深八间，高约 20 米，有 88 根石柱，故又称“百柱殿”。每根石柱都镌刻着不同的图案，其工艺之高超，为国内古建筑所罕见。殿内斗拱刻二十四飞天，是我国民间传统工艺的杰作。殿前石台砌有人面兽身青石柱浮雕 72 幅。殿后廊有婆罗门式浮雕青石柱两根，雕刻古印度神话故事，是研究印度古文化及中印文化交流的珍贵史料。

大雄宝殿后为甘露戒坛，北宋天禧二年（1018）建。相传唐代此地常降甘露，于是开甘露井，井深约 2 米。现存戒坛是清初重修的垂檐八角式建筑，与北京戒台寺、浙江杭州昭庆寺并称为我国三大戒坛。坛顶藻井结构复杂，别具一格。坛上最高层奉卢舍那佛，高 1.8 米，另塑有释迦牟尼佛、阿弥陀佛、千手千眼观音等。佛像四周，菩萨侍立，金刚护卫，下座环立戒神牌位 64 座，布局与其他寺院颇异。

藏经阁是中轴线建筑群终点和最高处，阁内藏经近万卷，其中有 20 余卷宋版经书，为世之珍。

东西双塔也是开元寺的重要特色。双塔位于紫云殿前，相距 200 米，均为五层八角形石塔。东塔名镇国塔，西塔名仁寿塔。东塔高 48.24 米，西塔高 44.06 米。双塔历经风雨地震，仍无倾斜变形，表现了泉州石构建筑的高超技艺。

1982 年，开元寺被国务院公布为第二批全国重点文物保护单位。

图 5–36　福建泉州开元寺大雄宝殿

山东济南灵岩寺

山东济南灵岩寺与浙江天台国清寺、江苏南京栖霞寺、湖北荆州玉泉寺并称为“海内四大名刹”。该寺位于泰山北麓的济南市长清区灵岩山，依山势构筑，参差错落，隐现于群山环抱之中，掩映在云霞烟树之间，故前人说：“登泰山不至灵岩，不成游也。”（图 5–37）

图 5–37　山东济南灵岩寺山门

灵岩寺始建于前秦苻坚永兴年间（357—358），开山祖师为朗公和尚。现寺中有鲁班洞、功德顶、证盟殿、辟支塔、慧崇塔、千佛殿、御书阁、钟鼓楼、墓塔林等。

千佛殿是灵岩寺的主体建筑，也是寺内保存完好、规模较大的一座古建筑，因殿内供养千佛而名。此殿始建于唐贞观年间（627—649），宋嘉祐年间（1056—1063）和明嘉靖年间（1522—

1566）、万历年间（1573—1620）重修。大殿建于高大的台基之上，面阔七间，进深四间，单檐庑殿顶，出檐深远。檐下置疏朗宏大的斗拱，错落美观。木棱彩绘华丽，檐角长伸高耸，大有展翅欲飞的雄姿。前檐八根石柱，柱础雕刻有龙、凤、花、叶、水波及莲瓣等纹样，雕工精美，匠心独具殿内正中塑着通体贴金的“三身佛”。中为“法身”，是指佛先天具有的佛法体现于自身，为毗卢遮那佛；东侧为“报身”，为卢舍那佛。西为“应身”，为释迦牟尼佛。三尊佛像皆跏趺坐，仪容端庄，衣纹流畅，具有强烈的艺术感染力（图 5-38）。

图 5-38　山东济南灵岩寺千佛殿

千佛殿内最为观光者和专家们称道的，是 40 尊彩色泥塑罗汉像。其中 32 尊塑于宋治平三年（1066），8 尊补塑于明万历年间（1573—1620）。这些罗汉像皆坐于 80 厘米高的砖砌束腰座上。在塑造这些罗汉形象时，艺术家打破传统的佛教造像模式，侧重于写实，以形写神，以神表情，以情现心，体现出每尊罗汉的个性与特点，使之真实、生动、接近于生活，栩栩如生。1912 年，梁启超来灵岩寺游览，对这些泥塑大加赞赏，题写了“海内第一名塑”赞辞，后人将其刻碑立于殿门外。

辟支塔是灵岩寺的标志性建筑，位于千佛殿的西北角。该塔是一座密檐楼阁式砖塔，八角九层，创建于宋淳化五年（994），竣工于嘉祐二年（1057），历时63年完工，其工程之浩大，结构之复杂，不言而喻。塔高55.7米，塔基为石筑八角，塔身为青砖砌就。辟支塔造型匀称，比例适度，雄伟挺拔，宋代大文学家曾巩曾形象地描绘它道：“法定禅房临峭谷，辟支灵塔冠层峦。”

从辟支塔往西走不远便是墓塔林，即灵岩寺历代高僧的墓地。塔林中有北魏、唐、宋、金、元、明各时期遗物，规模可与河南嵩山少林寺的塔林相媲美。与少林寺塔林多为砖塔不同的是，灵岩寺塔林多为石塔。其石塔之多，在国内首屈一指。

灵岩寺中泉水众多，有甘露泉、卓锡泉、白鹤泉、袈裟泉等。寺周围景色秀美，著名景点还有朗公石、明孔洞、御碑崖、一线天、可公床、对松桥、滴水崖、十里松、黄茅岗等，人文景观与自然景观相映成趣。

1961年，灵岩寺被国务院公布为第一批全国重点文物保护单位。

河南洛阳白马寺

白马寺位于河南省洛阳市东，是印度佛教传入我国内地后的第一座寺院，因此白马寺历来被尊为中国汉传佛教的“第一祖庭”。

据《洛阳伽蓝记》等书记载，汉明帝夜梦金人，于是派了18名大臣前往西域拜求佛法佛经。使者至大月氏国，遇印度高僧摄摩腾、竺法兰，得到佛经、佛像，于永平十年（67）以白马驮载佛经、佛像返回洛阳，史称“永平求法”。次年（68）于洛阳建寺，取白马驮经之意，命名白马寺。

白马寺仿印度祇园精舍而建，院落长方形，南向，南北长约239米，东西宽约135米。今存天王殿、大佛殿、大雄殿、接引殿、清凉台、毗卢阁等建筑，房舍百余间。山门为牌坊式，歇山顶，下以青石券砌三座门洞。门外左右相对各有一石雕白马，高1.8米左右，白马俯首，似作万里征程状。

图5-39 河南洛阳白马寺大佛殿

白马寺布局规整，左右对称。天王殿面阔五间，进深四间，歇山顶，正脊中央饰圆形佛光。大佛殿建于高约1米的台基上，单檐歇山顶，两座大殿的殿壁上皆砌有一种“梯形”的青砖和青石，在殿宇建筑中甚为少见（图5-39）。大佛殿正面塑像有释迦牟尼佛，迦叶、阿难两弟子，文殊、普贤两菩萨和手捧鲜花的供养人。大雄殿面阔五间，进深四间，悬山顶，殿前有月台。殿内供奉“横三世”佛像，三世佛前面左右相对而立两位护法，左侧是韦驮天将，右侧是韦力天将，大殿两侧为十八罗汉（图 5-40）。这三世佛、两天将、十八罗汉为国内仅存的一套元代“夹苎干漆”造像，弥足珍贵。接引殿，又称“立佛殿”，重建于清光绪九年（1883）。清凉台位于白马寺后部，高约 6 米，青砖围砌，雄伟壮观。台上中心建筑为毗卢阁，周围环绕以配殿、僧房，布局整齐，自成院落。相传清凉台是汉明帝乘凉、读书之处，两位印度高僧来洛阳后，禅居于此译经传教。

白马寺东有金大定十五年（1175）建造的齐云塔，高 25 米，四角十三层密檐式。由于白马寺被称为“中国第一古刹”，齐云塔也缘此被誉称为“中国第一古塔”。齐云塔与白马寺遥相辉映，互为借景，形成一道协调优美的风景线。

1961 年，白马寺被国务院公布为第一批全国重点文物保护单位。

图 5-40 河南洛阳白马寺大雄殿的“横三世”佛像与韦力天将

河南开封大相国寺

大相国寺位于河南省开封市，为我国著名汉传佛教寺院之一。大相国寺始建于北齐天保六年（555），初名建国寺，后被毁。唐睿宗时，僧人慧云重建新寺，因睿宗登基前曾为相王，延和元年（712）睿宗敕令改名为大相国寺，并赐“大相国寺”匾额。

北宋时大相国寺为开封最大的佛寺，深得厚遇，寺院住持由皇帝敕封，大相国寺成为皇帝平日观赏、祈祷、寿庆和进行外事活动的重要场所，被誉为“皇家寺”。

大相国寺的建筑布局为中国传统的中轴对称式，主要建筑有山门、天王殿、大雄宝殿、八角琉璃殿（图 5–41）、藏经楼等，由南至北沿中轴线分布，两旁东西阁楼和庑廊相对而立。进山门迎面为天王殿，内有四大天王像和弥勒佛像。过天王殿为大雄宝殿，殿宽七间，重檐斗拱，顶覆黄绿琉璃瓦。檐下“大雄宝殿”匾额，金色滚龙镶边，蓝底金字，字体工整雄浑。殿周围及月台

图 5–41　河南开封大相国寺的八角琉璃殿

边沿，围以汉白玉石栏杆，每一立柱上镂刻有一小狮子，姿态各异。殿前石阶上有螭龙盘绕，雕工异常精巧。阶下有一小花园，园中立有太湖石，传为宋代艮岳遗物。八角琉璃殿建筑别具一格，外面是环绕一周的八角殿，附檐周围为游廊，下安雕栏，屋顶覆黄绿琉璃瓦，挑角上均悬铃铎。八角殿中间为一小院，院中耸立一亭，高约13.3米，亭顶有一个1.67米高的铜宝瓶。八角亭中置木雕密宗四面千手千眼观音巨像，高约7米，全身贴金，相传为一整株银杏树雕成，工艺之精，令人赞叹（图5–42）。八角琉璃殿北为藏经楼，其楼垂脊挑角处饰琉璃狮子，下悬铃铎，四周出厦，犹如游廊，门窗隔扇，皆有雕饰，十分精美。

图5–42　河南开封大相国寺的千手千眼观音像

2013年，大相国寺被国务院公布为第七批全国重点文物保护单位。

河南嵩山少林寺

少林寺位于河南省嵩山少室山北麓五乳峰下，建于北魏，距今约有1500年历史。北魏孝昌三年（527），印度僧菩提达摩来少林传教，在寺西石洞中面壁九年，首创禅宗，很快便风行海内。禅宗由此成为中国佛教中最重要的派别之一。唐初李世民消灭王世充割据势力时，曾得到该寺僧人援助，少林寺僧从此名扬天下。唐高宗及武则天亦常驾临该寺。

少林寺内现存建筑有山门、客堂、白衣殿、地藏殿和千佛殿（又名毗卢阁）等。千佛殿内有著名的明朝《五百罗汉朝毗卢》壁画，300多平方米。白衣殿内有清朝少林寺拳谱和《十三和尚救唐王》壁画。其他著名景点还有达摩亭、塔林、初祖庵（图5-43）、二祖庵、达摩面壁洞等。

少林寺墓塔林最为著名，是全国最大的一处塔林（图5-44）。

图5-43　河南嵩山少林寺的初祖庵

墓塔林占地面积14000多平方米，建有自唐贞元七年（791）以来1000多年间的历代僧人墓塔。据《少林寺志》记载，历史上最多时有700多座墓塔，清代时有500多座。据1988年登封县地方志办公室编的《新编少林寺志》记，现墓塔尚存229座，其中唐塔1座、宋塔2座、金塔7座、元塔43座、明塔139座、清塔10座，时代不详的27座。此外，还有残塔和塔基痕迹35处。少林寺墓塔林中的墓塔，大多为砖石砌筑，高度一般在15米以下。这些墓塔虽形体不大，但造型多样，有四方形的、六角形的、圆形的，以密檐塔和亭阁式塔为最多。

1996年，少林寺墓塔林被国务院公布为第四批全国重点文物保护单位。

图5–44　河南嵩山少林寺的墓塔林

湖南衡山南岳庙

南岳庙位于湖南省衡阳市南岳区，俗称“南岳大庙”，是一组集佛教寺院、道教宫观、民间祠庙为一体的江南最大的寺庙古建筑群，有“江南第一庙”之称，亦享“江南故宫”之誉。

南岳庙第一进大门是棂星门，始建于宋仁宗天圣六年（1028），1932年改建成四柱三楼式花岗石牌坊。坊额两侧镌有浮龙彩凤及传说典故。坊顶较为奇特，全为石制，方中有圆，最上层倒置一石印，象征南岳圣帝的玺，寓意南岳庙至高至上的地位。南端坊额上刻着“天下南岳”四个大字，笔势遒劲刚健，为宋徽宗赵佶手书。院落正中为御碑亭，亭四周松、柏、丹桂、古樟、香楠郁郁葱葱，使庭院显得十分幽深。亭为八角重檐攒尖顶，红柱碧瓦，脊兽齐备，玲珑秀美。亭内置清康熙皇帝所撰《重修南岳庙》御碑。

圣帝殿是南岳庙正殿，殿周古木参天，尤其是宋柏、明樟，映衬着金碧辉煌的殿宇，显得大殿气势格外宏伟。殿高31.11米，建筑在一座高2米的花岗石台基上，前设月台、御道，围以白色大理石护栏。全殿由72根花岗石圆柱顶立其间，寓南岳七十二峰之数。整个正殿堪称一座雕刻艺术宫苑（图5–45）。殿内正中石雕须弥座石龛上饰有四条金龙、两只金凤。龙飞凤舞，形

图5–45　湖南衡山南岳庙圣帝庙

态生动。龛内供奉南岳圣帝巨大泥塑金身神像，像高 6.3 米，金身冠冕，神态威仪，耀眼夺目（图 5–46）。殿前左右竖立金吾二将巨像，手执斧钺，相对峙立门首两侧。在正殿四周还有康熙四十四年（1705）建造的护栏，共有 126 根栏柱，柱头上端雕有麒麟、狮、象等，所有的白色大理石栏板都有双面浮雕，这些浮雕刀法刚健、线条流畅、画面构图精巧。殿后大门门框上有花岗石雕刻的“五龙捧日”浮雕，龙腾祥云，争捧旭日，形态生动。加上殿脊上、四檐翘角下的陶龙、泥龙、石板上雕龙、雀替上的彩绘龙等，充分渲染了“八百蛟龙护南岳”的传说，突出了南岳的地方特点。

2006 年，南岳庙被国务院公布为第六批全国重点文物保护单位。

图 5–46　湖南衡山南岳庙圣帝殿内供奉的南岳圣帝

四川峨眉山万年寺

万年寺位于四川省峨眉山骆驼岭下，海拔1020米，是峨眉山最大的寺院。该寺始建于东晋隆安年间（397—401），初名“普贤寺”。唐朝乾符三年（876），更名为“白水寺”。北宋年间曾多次修葺，宋太宗时铸普贤菩萨铜像供奉寺中，并将寺名改为“白水普贤寺”。到了明朝，万历皇帝朱翊钧为纪念他的母亲七十大寿，赐金修建了无梁砖殿，并题写“圣寿万年寺”五字横匾。从此，寺名改称“万年寺”，直至今日。

历史上的万年寺共有殿宇十三重，气势宏大，巍峨壮观。1946年，万年寺不幸遇火灾，除无梁砖殿之外，寺内的所有木结构殿堂都被烧光。如今的弥勒宝殿、大雄宝殿、般若殿、毗卢殿以及僧房、寮舍等为后来所重建（图5-47、图5-48）。

万年寺的文物很有价值，其中最著名的是宋代铸造的普贤菩萨铜像、明代修建的无梁砖殿和古象牙化石。

图5-47　四川峨眉山万年寺弥勒宝殿

图 5-48　四川峨眉山万年寺大雄宝殿

普贤菩萨铜像铸于宋太平兴国五年（980）。据说，当时的四川地方官员多次向皇帝上奏，说普贤菩萨在峨眉山显圣。笃信佛教的宋代皇帝，便下诏指派工部官员前往成都，督造普贤菩萨骑六牙白象的铜像。铜像分段铸好后，运到峨眉山，然后铆接而成，供奉于白水普贤寺内。普贤菩萨头戴花冠，胸戴璎珞，身披袈裟，端坐于象背莲座之上。白象卷鼻舒尾，脚踏莲花，一派远行之状。全像共高 7.35 米，重 62 吨。花冠、佛身、莲座均为镏金，其余部分为紫铜铸造。远在 1000 多年前，我国就铸造出如此体量高大、造型优美、比例匀称、形态逼真的铜像，令人叹为观止。

无梁殿建于明代万历二十七年（1599），高 17.12 米，面阔 15.79 米，进深 16.06 米。下呈方形，上为半圆形穹隆顶，象征天圆地方。殿墙、殿顶甚至门楣额枋、斗拱、花窗，全部用砖筑成。殿顶四角和当中，立有 5 座白塔，中间一座较大。若把无梁殿视为一个巨大的塔座，那么，无梁殿的整个造型就是一个巨大的金刚宝座式塔。此外，殿顶四隅还饰有狮、象、鹿等瑞兽。

万年寺内珍藏的一枚象牙化石，重 6.5 千克，是剑齿象的牙化石，距今至少有 20 万年了。这枚牙化石是明代嘉靖年间（1522—1566）由斯里兰卡僧人赠送的。当时曾认为是释迦牟尼佛牙舍利。另外，该寺中还供有三千铁佛、十二金人，均为珍贵文物。

1961 年，万年寺铜铁佛像被国务院公布为第一批全国重点文物保护单位。2006 年，峨眉山古建筑群被国务院公布为第六批全国重点文物保护单位，万年寺为其中之一。

云南昆明圆通寺

圆通寺位于云南省昆明市螺峰山麓，有1000多年的历史，是昆明城内规模最大的佛寺。

圆通寺始建于唐南诏蒙氏时期，初名“补陀罗寺”。元代延祐七年（1320），取名“圆通寺”。圆通寺景色幽奇，殿宇庄严，楼阁壮观，水榭曲径，布局匀称，别具风格。后经明清两代不断修葺，终成今日规模。

圆通寺山门内屹立着“圆通胜境”坊，是清康熙七年（1668）建造的。前行即抵前厅，厅堂宽敞，现供奉一尊释迦牟尼说法像，高2米，纯铜铸成。穿过前厅回廊，有一方水池。池中间有清康熙年间（1662—1722）建的八角亭，四周有石廊环绕，南北有石桥相连，琉璃飞檐，雕艺精湛，亭中供奉千手观音。亭北有桥，通大雄宝殿。大雄宝殿为一重檐歇山顶式宫殿，琉璃宝顶，斗拱飞檐，殿内雕梁画栋，朱漆镂金，金碧辉煌（图5–49）。大殿正中两根圆柱，高15米，有青、赤二龙盘绕，制作技艺十分精巧，是明代艺术珍品。殿中

图5–49　云南昆明圆通寺大雄宝殿内的赤龙盘柱

有元代塑造的三身佛，中间为释迦牟尼佛，右为清净法身毗卢遮那佛，左为圆满报身卢舍那佛。大殿内左右两壁塑十二圆觉像及护法诸天，另有罗汉、供养人及修行者等。大殿前方有铜香炉一只，为明代铸造，左右有石砌花坛，栏柱石上雕有 180 头小狮子，形象各异，刻工精湛。

从大殿侧后方沿石磴上行，是新建的铜佛殿（图 5–50）。此殿建于 1985 年，专为迎接和供奉泰国赠送的铜制释迦牟尼佛像而建。铜佛殿为砖石结构，融合了中国和泰国、印度的建筑风格，为叠檐交错的尖顶建筑。门、立柱都采用印度式风格，铜殿角檐下挂满铜制风铃，微风吹来，铃声清幽。“铜佛殿”三字为中国佛教协会原会长赵朴初所书。铜殿内供着 3.3 米多高的释迦牟尼铜身坐像，坐像体形清癯，反映了释迦牟尼苦修成佛的艰辛。坐像两旁有彩图四幅，叙述了释迦牟尼修炼成佛到涅槃的全过程。

大殿后右侧，峭壁嶙峋，旧称盘坤岩。岩间有穿石曲径，名采芝径，可以直达圆通山。石壁上有前人摩崖刻石题咏，以及摩崖大“寿”字，大石崖下有幽合、潮音二洞，洞中怪石参差，深杳莫测。圆通山山顶建有接引殿，为明代建筑。

1983 年，圆通寺被国务院确定为汉族地区佛教全国重点寺院。

图 5–50　云南昆明圆通寺铜佛殿

西藏自治区拉萨大昭寺

大昭寺位于西藏自治区拉萨旧城的中心，今新市区的东南部，坐东朝西。大昭寺在藏语中叫“觉康”或“祖拉康”，意为供奉佛陀释迦牟尼的殿堂。“觉”是对释迦牟尼像专用的尊称，“康”即殿堂舍宇。

大昭寺建于唐高宗永徽四年（653），是吐蕃松赞干布迎娶唐朝文成公主和尼泊尔尺尊公主之后的建筑，至今已有1300多年的历史。

大昭寺占地约16700平方米，共建有20个殿堂，总建筑面积约为25100平方米。大昭寺主殿佛堂呈密闭院落式，高四层，在第四层的平台上有四个对称的金顶，远远望去，十分醒目（图5–51）。正殿屋顶上方装饰着两对捧着法轮的“神羊”，金碧辉煌。正殿有大木柱20根，柱斗拱架浮雕精美（图5–52）。主楼二、三层檐下有108个木雕伏兽和狮身人面雕塑。四周走廊和殿堂四

图5–51 西藏自治区拉萨大昭寺主殿佛堂院落内景

图 5-52　西藏自治区拉萨大昭寺正殿金顶

壁满布壁画，绘有历史人物和神话故事，长达千余米。底层大殿里有许多大型壁画，其中有描绘文成公主跋涉万水千山，嫁到吐蕃的；有唐玄奘师徒四人历经千辛万苦，从西天取经凯旋的；还有释迦牟尼从降生、创教到涅槃的全过程等。绘画色彩鲜艳，形象逼真。两侧配殿供奉着松赞干布和文成公主、尺尊公主等人的塑像。

大昭寺保存有大量的珍贵文物，有 300 多尊佛像、2600 多平方米的壁画以及大量的典籍档案、匾额、碑刻、唐卡、供具、乐器等。其中尤以文成公主带到西藏的释迦牟尼像最为珍贵。值得一提的是，唐穆宗和赤松德赞为了巩固藏汉民族的团结和友谊，会盟于拉萨东郊，公元 823 年立《唐蕃会盟碑》(或称《甥舅盟碑》)于大昭寺前。在《唐蕃会盟碑》的两侧种有著名的“唐柳”，相传为文成公主亲手所栽，故称“公主柳”。该寺正门北面的石碑上，有清朝皇帝的圣旨等重要的碑刻。

1961 年，大昭寺被国务院公布为第一批全国重点文物保护单位。

西藏自治区日喀则扎什伦布寺

扎什伦布寺位于西藏自治区日喀则城西北的尼日山下，依山面水，楼宇敞丽，威严壮观，为宗喀巴弟子根敦珠巴（1391—1474）即第一世达赖喇嘛所建，是藏传佛教格鲁派四大寺庙之一，也是历代班禅额尔德尼的驻锡地。

扎什伦布寺占地 278 亩，有习修显密教义的四大扎仓、62 个米村，佛堂和灵塔祀殿 56 座，大小金顶 14 座。寺中心为殿堂区，建有措钦大殿、班禅拉章、大强巴佛殿、班禅灵塔祀殿等（图 5-53）。

寺内最早的建筑为措钦大殿（大经堂），面宽九间，进深七间，有 48 根柱子，可容 3000 余人，是全寺法事活动的重要场所。殿北净室正中供奉藏传佛教格鲁派创始人宗喀巴大师师徒三尊像，其两翼有八大弟子。净室左侧为弥勒佛殿，建于明天顺五年（1461），所供弥勒像高约 11 米。弥勒像两旁有观世音和文殊菩萨塑像，由一世达赖根敦珠巴亲自塑造，也是扎什伦布寺最古老的塑像。净室右侧为度母殿，内有 1.6 米高的镀金白度母铜像，两旁有白度母、绿度母泥塑像。殿西部为护法神殿。

图 5-53 西藏自治区日喀则扎什伦布寺殿堂区

大强巴佛殿建于1941年，殿堂高30米，建筑面积为862平方米。该殿分莲花座殿、腰部殿、胸部殿、面部殿及冠部殿等五层，经木梯拾级而上。殿内供奉的强巴佛铜像，是国内外最高大的铜佛，高达26.7米，鼻孔之大，足可容纳一人。佛像全身共用紫铜皮11.5万斤，黄金8000多两。仅镶嵌佛眉间白毫就用去直径3厘米的特大钻石1颗，直径1厘米的钻石32颗，大珍珠300余颗，琥珀、珊瑚、松耳石等1400余颗。强巴佛所披佛衣袈裟，用各种绸缎3100多米，丝线13千克，为世界上最大的袈裟。这一巨大佛像，工艺精湛，誉满全球，是世界文物宝库中的精华。

1985年，国家拨专款780万元、黄金108.85千克、白银1000千克、紫铜5638千克、水银665千克，宝石、珍珠以及大量建材，由第十世班禅大师额尔德尼·确吉坚赞主持修复第五世至九世班禅额尔德尼法体合葬灵塔祀殿——班禅东陵扎什南捷殿（图5-54）。该灵塔高11.52米，祀殿高35.17米，总建筑面积1933平方米，于1988年12月竣工。

图5-54　西藏自治区日喀则扎什伦布寺班禅东陵扎什南捷殿

1989 年 1 月 28 日，第十世班禅大师圆寂。为了表彰第十世班禅大师的历史功绩，1 月 30 日，国务院作出决定，为大师修建一座供奉法体舍利的金质灵塔，从国库拨款 6400 万元、黄金 600 多千克、白银 500 多千克以及其他珍贵材料。这座高达 11.52 米，镶有各种珠宝的全金色灵塔和 33 米高的华丽祀殿，是新中国投资最多、建筑规模最大的寺院灵塔。塔址位于该寺中部，其规模基本上与扎什南捷殿相当。1993 年 9 月 4 日，灵塔落成，举行了盛大的开光典礼。

1961 年，扎什伦布寺被国务院公布为第一批全国重点文物保护单位。

陕西西安大慈恩寺

大慈恩寺位于陕西省西安市内，该寺创建于唐贞观二十二年（648）。唐高宗李治为太子时，为纪念其亡母文德皇后，报答慈母的养育之恩而建造此寺，故名“慈恩寺”。

大慈恩寺规模宏大，占地面积近400亩，有十多个院落，各式房舍1897间，有许多能工巧匠为该寺塑造了精美佛像，唐代著名画家吴道子、尹琳、阎立本、王维等都在此留下了画作。

唐贞观十九年（645），西行求法的玄奘法师回到长安，在弘福寺主持翻译佛经，宣讲唯识宗（又称“法相宗”）等佛教教义，后由弘福寺移居大慈恩寺，大慈恩寺由此成为唯识宗祖庭。在此后的19年里，玄奘译经25部，计1335卷。所译经籍，文义连贯，准确流畅，开辟了中国译经史上的新纪元。

唐高宗永徽三年（652），为了完好地保存玄奘从印度带回的佛经，唐高宗敕令在大慈恩寺修建大雁塔。塔名来自印度佛经故事：据说有一位菩萨化身为大雁，舍身布施，死后人们筑塔葬之。大雁塔是中国佛教建筑艺术的杰作，塔高64米，底边各长25米。通体呈方形角锥状。每层有方形塔室，四面均置砖券拱门，可凭栏远眺。沿塔内梯可盘旋而至塔顶。该塔造型简洁美观，比例协调适度，格调庄严古朴。整个建筑高大雄伟，浑然

图5-55　陕西西安大慈恩寺中的大雁塔

一体，不仅是大慈恩寺的标志性建筑，也是古城西安的标志性建筑（图 5–55）。

大雁塔在唐代还是新及第的进士题名之处。唐中宗神龙年间（705—706），新科进士张莒心血来潮，把同年名字全写在大雁塔塔壁上，遂为人所仿效，后来为皇家所推崇，演绎为“雁塔题名”。新科进士先赴曲江“探花宴”，然后集中到大雁塔下，推举擅长书法者把本科进士姓名悉题塔下。日后有人官至将相时，还要将原来的题名描朱以示显贵。

大慈恩寺钟楼内悬明嘉靖二十七年（1548）铸大铁钟一口，重 15000 千克，钟上花纹、图案、文字皆清晰可见（图 5–56）。鼓楼里架一面直径 2 米的大鼓。寺内还藏有木刻像、铜像、六朝石刻菩萨像、隋开皇年间（581—600）石佛四面像、唐朝青石四大天王像佛座、唐朝青石莲花纹佛座、唐朝汉白玉云纹佛座、唐朝八角形陀罗尼经幢等重要文物。这些雕塑，刻工精湛，造型独特，多出于名匠之后，为佛教艺术珍品。

1961 年，大雁塔被国务院公布为第一批全国重点文物保护单位。

图 5–56　陕西西安大慈恩寺中的钟楼

陕西扶风法门寺

法门寺位于陕西省扶风县法门镇，始建于公元 499 年前后的北魏时期，当时称“阿育王寺”（或“无忧王寺”）。该寺以供奉佛陀释迦牟尼佛指真身舍利而著名。自贞观年间（627—649）起，唐朝统治者花费大量人力财力对法门寺进行扩建、重修，法门寺遂成为皇家寺院，先后举行了七次开塔迎佛骨的盛大佛事，对唐代佛教的发展以及唐代政治、文化都产生了重大影响。贞观五年（631），唐太宗第一次开示佛骨，佛指舍利重现于世，引起极大轰动，掀起了一股崇佛热潮。唐咸通十四年（873），唐懿宗第七次迎佛骨，迎接仪式极为隆重，执幡仪仗约万人，唐懿宗亲自出迎，向佛骨顶礼膜拜，将佛骨迎入内道场，以作供养，宰相以下竞施金帛，不可胜数。当年，唐懿宗去世，年底，唐僖宗诏令将佛骨送还法门寺。次年（874）正月初四关闭了塔下地宫石门。从此，佛指舍利再未闻世，所藏供奉器物也成了千古之谜。

1981 年 8 月 21 日下午，由于年久失修等原因，十三层宝塔突然纵向坍塌了一半。鉴于法门寺当时是陕西省重点文物保护单位，故陕西省政府决定清拆残塔，重建新塔。

1987 年 4 月，封闭 1000 多年的神秘地宫之门被打开。地宫面积 31.84 平方米，是国内迄今发现的佛塔地宫中最大的一个。地宫中藏有大量文物，工作人员将地宫中文物如数转移到扶风县博物馆，由考古人员进行清理。5 月 5 日凌晨，考古人员小心翼翼地打开了一个宝函。这个宝函密密套合竟有八重之多。第一层檀香木已部分腐朽，第二层鎏金银胎，第三层纯银胎，第四层又是鎏金银胎，第五、六层纯金胎，第七层是玉石胎，第八层又是纯金胎。各层装饰极为美丽，金光耀眼。第八层之内是一座精巧的宝珠顶单檐四门纯金塔。此塔塔顶与塔体相连，塔基可以分开。揭开塔体，只见塔基上矗立着一根高 11 毫米的小银柱，上面套着色白如玉的管状体。这正是佛指舍利！这枚佛指舍利重 16.2 克，高 40.3 毫米，上宽 17.55 毫米，下宽 20.11 毫米，腔径 13.75—16.75 毫米，上齐下折，色白如玉稍青，三面俱平，一面稍高，与地宫前室通道中发现的《大唐咸通启送岐阳真身志》记载的佛指舍利相符。接着，在另外三个宝函里又发现了三枚佛指舍利，第二枚供在地宫中室的汉白玉双檐灵帐内，第三枚秘藏于地宫后室北壁秘龛中的铁函之内，第四枚在地宫前室的彩绘四铺菩萨舍利塔中（图 5-57）。

中国佛教协会原会长赵朴初闻讯后，立即赶到扶风，在对四枚佛骨进行了细致考察后，他指出，第一、二、四枚佛骨应为“影骨”，只有第三枚才是“灵骨”，是释迦牟尼留给人世间的真身遗骨。“影骨”是特为保护“灵骨”而用玉石仿制成的。灵骨好比天上的明月，影骨犹如明月在地上江河中的影子。对于佛家来说，不管是“灵骨”还是“影骨”，都是释迦牟尼的真身舍利。

法门寺塔地宫佛指舍利的发现，轰动了世界，被誉为继“世界第八大奇迹”秦始皇陵兵马俑之后又一重大考古发现。

图 5-57　陕西扶风法门寺地宫出土的纯金塔

地宫中还出土了一大批唐朝稀世珍宝，其中有 121 件金银器，17 件琉璃器，16 件已失传的“秘色瓷”器，还有 700 件锦、绫、罗、纱、绢、绮、绣等各类纺织品。这些文物种类之繁、数量之多、质量之优、制作之精、等级之高、保存之完好，在国内都是罕见的。其中最令人注目的是锡杖和秘色瓷。锡杖有三支，即单轮十二环迎真身金银花锡杖、双轮六环铜锡杖和双轮十二环金银锡杖。其中双轮十二环金银花锡杖长 1.96 米，重 2.39 千克，用金 2 两、银 58 两。锡杖工艺制作精致，可谓法器中的至宝。秘色瓷是只见于唐人诗句中的一个瓷种，其产地及形状一直是一个疑案，此次一次性出土 16 件，是中国陶瓷考古的一个突破性发现。另外如武则天供奉的绣裙、唐懿宗供奉的金丝袈裟、唐代宫廷成套茶具等，都是稀世珍宝。

1988 年 11 月 9 日，法门寺修葺一新，向世界开放（图 5–58）。重修的真身宝塔高 47 米，巍峨耸立，仍是八棱十三层。地宫亦整修完好，内安放着佛骨真身舍利。

2006 年，法门寺被国务院公布为第六批全国重点文物保护单位。

图 5–58　陕西扶风法门寺博物馆

甘肃张掖大佛寺

大佛寺位于甘肃省张掖市，因寺中大佛殿内主尊是身长约 35 米的释迦牟尼涅槃像（国内现存最大的泥塑卧佛像），故又名“卧佛寺”（图 5–59）。

大佛寺始建于西夏崇宗永安元年（1098），距今已 900 多年了。意大利著名旅行家马可·波罗在他的《马可·波罗游记》里，对大佛寺规模宏大的建筑、精美的卧佛塑像大加赞赏，推崇备至。

大佛寺主体建筑为大佛殿，大殿坐东面西，为层楼结构，重檐歇山顶，高 20.2 米，总面积 1370 平方米（图 5–60）。四周木构廊庑，殿檐下额枋上雕有龙、虎、狮、象等。正门两侧嵌有各用 50 块方砖拼成的浅浮雕两幅，每幅 4.6 米见方，刻工精细，富丽浑厚，是砖雕艺术的精品。正中须弥座上，供释迦牟尼涅槃像，卧佛像身长 35 米，肩宽 7.5 米，佛手指中可睡一人。卧佛像为木胎泥塑，中空，金妆彩绘，面部贴金，造型丰满端秀，怡静安详。

图 5–59　甘肃张掖大佛寺山门

图 5-60　甘肃张掖大佛寺大佛殿

大佛身后塑迦叶、阿难等十大弟子，南北两侧塑十八罗汉，间隔得体，色彩协调，神态各异，栩栩如生。

大佛殿后面的藏经殿是木质结构建筑。内藏明正统十年（1445）英宗朱祁镇敕书颁赐给大佛寺的一部佛经，共计 350 种，685 函，3584 卷。寺中还藏有用泥金书写的《大般若波罗蜜多经》《华严经》《胜王经》《报恩经》及《大唐西域记》等，殊为珍贵，是甘肃省现存最完整的经藏。

1996 年，张掖大佛寺被国务院公布为第四批全国重点文物保护单位。

青海湟中塔尔寺

塔尔寺位于青海省湟中县莲花山，藏语称“衮本贤巴林”，意为“十万狮子吼佛像的弥勒寺”。塔尔寺是宗喀巴大师（1357—1419）的诞生地，为藏传佛教格鲁派的六大寺院之一，也是青海地区最大的格鲁派寺院。

塔尔寺始建于明洪武年间（1368—1398）。明万历十一年（1583），在第三世达赖喇嘛索南嘉措指示下，塔尔寺进行扩建，先后建成达赖行宫、三世达赖喇嘛灵塔殿、九间殿、依怙殿、释迦殿等。第四世达赖喇嘛云丹嘉措时，于万历四十年（1612）正式建立显宗学院，开法讲经，标志着塔尔寺成为格鲁派的正规寺院。历史上，第三、四、五、七、十三、十四世达赖喇嘛和第六、九、十世班禅额尔德尼，皆曾驻锡塔尔寺。历代中央王朝亦对塔尔寺十分重视。自清代康熙皇帝、乾隆皇帝以来，多次赐赠匾额、法器、佛像、经卷、佛塔等。

塔尔寺占地600余亩，寺中广植白旃檀树。建筑9300余间，殿堂25座。主要建筑物有大金瓦殿、大经堂、九间殿、小金瓦殿、花寺、大拉让宫、弥勒佛殿、小昭殿、依怙殿、八宝如意塔等。该寺设有显宗、密宗、医明、时轮四大学院和举巴扎仓，学僧在此研习佛学和藏族语言文字、天文历算、医药及艺术等。塔尔寺文物极为丰富，堪称一座艺术宝库，历代法器、佛像珍奇庄严，令人叹为观止。

大金瓦殿以镏金瓦铺顶，殿内建有高达13米的大灵塔，是为了纪念宗喀巴大师而建的，亦称菩提塔，初建于明洪武十二年（1379）（图5-61）。小金瓦殿建于清康熙十一年（1692），殿顶覆盖镏金铜瓦，殿内供奉“五勇猛明王”护法神。弥勒佛殿供弥勒佛像一尊，其他佛像十二尊。小昭殿建于明万历三十二年（1604），因殿内供奉的释迦牟尼像与拉萨小昭寺供奉的相似而得名。依怙殿建于明万历二十二年（1594），内有六臂依怙、大德金刚、胜乐金刚等塑像，后又供宗喀巴铜像。该寺的壁画、堆绣、酥油花被誉为“艺术三绝”（图 5-62）。寺中珍藏历代刻印佛经数万部，其中双金银、珍宝合汁书写的《甘珠尔》《丹珠尔》《宗喀巴师徒三尊文集》等尤为珍贵。

1961 年，塔尔寺被国务院公布为第一批全国重点文物保护单位。

图 5-61 青海湟中塔尔寺大金瓦殿殿顶

图 5-62 青海湟中塔尔寺绚丽多彩的壁画和堆绣

台湾地区南投中台禅寺

中台禅寺位于中国台湾地区南投县埔里镇，是建筑风格颇具特色的一座现代化寺院，也是台湾地区著名的旅游景区。

中台禅寺创建于 1994 年，由住持惟觉长老和著名建筑师李祖原规划设计。寺院建筑没有沿用传统的大屋顶宫殿式房屋布置方法，而是融合中西建筑风格和施工理念，建成了一座将艺术、学术、宗教和文化融为一体，具有现代建筑特色同时又遵循禅宗教义的新型寺院。建筑的外立面和殿堂，大量使用了石材和现代施工工艺，内部设施（如灯光等）大量使用现代科技。整座建筑恢宏大气，庄严富丽，沉稳端庄，具有极强的视觉冲击力。在中国佛教寺院建筑中，中台禅寺这种中西合璧的建筑风格虽然有些“另类”，却给人以耳目一新之感。2002 年，新落成不久的中台禅寺即获得“台湾建筑奖”，2003 年又获得“国际灯光设计卓越奖”。

图 5-63 台湾地区南投中台禅寺天王殿内多闻天王像

中台禅寺建筑正立面呈“山”字形，整座建筑将殿和塔巧妙地融合在一起，既有殿的大气，又有塔的挺拔。走进高大的殿门，第一个空间是天王殿，殿内四角立有四大天王像，由山西黑花岗石雕制，高约 12 米，重达 100 多吨，如同四根擎天巨柱直接顶在棚顶上，非常醒目。四尊天王皆有四面头像，象征一即四、四即一，其威武严肃的神态令人为之震撼（图 5-63）。殿中供奉有金身大肚弥勒菩萨，背后是护法神韦驮菩萨。与各地寺院天王殿不同的是，殿中还有两个鲜红的狮子雕像（这种色彩的狮子在其他地方也是很少见的）。在天王殿内四周，供奉有十八位尊者像。

走过天王殿的大厅，登上 20 多级台阶即到达大雄宝殿。大雄宝殿虽属第二层，但不是单体建筑，而是与天王殿连在一起的另一处室内空间。大雄宝殿整体的空间设计以红、灰为主色，正中供奉释迦牟尼佛像，是由印度红花岗岩雕成的，释迦牟尼佛两侧侍立着弟子阿难、迦叶（图 5-64）。大雄宝殿两侧各有一个侧殿，一侧供奉达摩祖师，一侧供奉关公。殿内没有其他过多的陈设，如一般佛殿常见的幡幔等，虽然宝座前依例置有钟磬、灯烛（烛形电灯）、花供等，但数量极有节制，绝无拥挤凌乱之感。殿顶和四壁皆用现代灯饰，灯光明亮柔和，除照明外，也极好地起到了烘托气氛的作用。

万佛殿在中台禅寺 16 楼，可乘电梯直达。万佛殿空间挑高 39 米，人们进入殿堂顿觉豁然开朗。万佛殿采用了无梁柱、无背档的大帷幕抗拉结构玻璃设计。大帷幕玻璃高 30 米，宽 16.5 米，由帷幕中的钢索结构支撑。殿内供奉的两万多尊铜佛，罗列于周围墙面成为金碧辉煌的万佛墙。佛像的背光，巧妙地运用光纤，

图 5-64　台湾地区南投中台禅寺大雄宝殿的释迦牟尼佛像和阿难、迦叶像

不仅安全省电，还色彩多变。每到夜间，万佛的光纤背光，与39米上方的光纤天花，呈现出变化的斑斓色彩，尽现佛国净土琉璃宝光。

中台禅寺中心是高耸的七佛塔，而且塔中有塔，形成“塔中塔”的建筑特色。七佛塔壁面之外，镶有铜版镀钛蚀刻的《金刚般若波罗蜜经》经文。位于23楼的踩空式莲花台的基座下方，有42尊玻璃喷砂佛像，使用了只传光、不导电、低温传输、不惧水等安全特性的光纤科技，是现代光电的高科技产物。

中台禅寺一侧还建有花园，园林设计风格独特，也是游人乐于驻足游赏之地。

主要参考文献

任继愈主编：《中国佛教史》（第一卷），中国社会科学出版社 1981 年版。

任继愈主编：《中国佛教史》（第二卷），中国社会科学出版社 1985 年版。

任继愈主编：《中国佛教史》（第三卷），中国社会科学出版社 1988 年版。

《中国大百科全书》选编：《佛教》，中国大百科全书出版社 1990 年版。

萧默主编：《中国建筑艺术史》，文物出版社 1999 年版。

萧默：《古代建筑：营造之道》，生活·读书·新知三联书店 2008 年版。

楼庆西：《中国古建筑二十讲》，生活·读书·新知三联书店 2004 年版。

王其钧、谢燕：《宗教建筑》，中国水利水电出版社 2005 年版。

张驭寰：《中国佛教寺院建筑讲座》，当代中国出版社 2008 年版。

杨辉麟编著：《西藏佛教寺庙》，四川人民出版社 2003 年版。

罗哲文：《中国古塔》，中国青年出版社 1985 年版。

徐华铛编著：《中国古塔造型》，中国林业出版社 2007 年版。

曹立君：《北京的古塔》，北京美术摄影出版社 2005 年版。

王建伟、孙丽编著：《佛家法器》，天津人民出版社 2004 年版。